"十三五"国家重点图书出版规划项目

重大工程建设关键技术研究
总主编 孙 钧

复杂地质与环境条件下隧道建设关键技术丛书

水下隧道盾构检测与维修技术

姚占虎 石振明 石新栋
著

上海科学技术出版社

图书在版编目(CIP)数据

水下隧道盾构检测与维修技术／姚占虎，石振明，
石新栋著.—上海：上海科学技术出版社，2019.1
（复杂地质与环境条件下隧道建设关键技术丛书）
ISBN 978-7-5478-4187-7

Ⅰ.①水⋯ Ⅱ.①姚⋯ ②石⋯ ③石⋯ Ⅲ.①水下隧
道-隧道工程-盾构法-检测②水下隧道-隧道工程-盾
构法-维修 Ⅳ.①U459.5

中国版本图书馆 CIP 数据核字（2018）第 211416 号

水下隧道盾构检测与维修技术
姚占虎　石振明　石新栋　著

上海世纪出版（集团）有限公司
上海科学技术出版社　出版、发行
(上海钦州南路 71 号　邮政编码 200235　www.sstp.cn)
上海盛通时代印刷有限公司印刷
开本 787×1092　1/16　印张 11.5　插页 4
字数 210 千字
2019 年 1 月第 1 版　2019 年 1 月第 1 次印刷
ISBN 978-7-5478-4187-7/U·69
定价：78.00 元

本书如有缺页、错装或坏损等严重质量问题，请向工厂联系调换

内容提要

本书以南京纬三路过江通道水下盾构隧道工程为依托,对高压封闭环境下可视化检测刀具刀盘技术、连续长时间带压换刀技术、注浆法或冷冻法更换盾尾刷技术等盾构检修新技术做了详细介绍。全书图文并茂、资料详实,且附有工程案例。

本书可供从事盾构制造、使用、检修工作的工程技术人员参考。

重大工程建设关键技术研究

总主编

孙　钧　　同济大学教授，中国科学院院士

学术顾问

邱大洪　　大连理工大学教授，中国科学院院士

钱七虎　　中国人民解放军陆军工程大学教授，中国工程院院士

郑皆连　　广西大学教授，中国工程院院士

陈政清　　湖南大学教授，中国工程院院士

吴志强　　同济大学教授，中国工程院院士

王　平　　西南交通大学教授

刘斯宏　　河海大学教授

杨东援　　同济大学教授

复杂地质与环境条件下隧道建设关键技术丛书

编委会

主　任

钱七虎

委　员（以姓氏笔画为序）

王守慧　石振明　石新栋　朱雁飞

刘　浩　孙　钧　李术才　李利平

李晓军　杨志豪　吴惠明　吴德兴

陈　健　周文波　洪开荣　姚占虎

黄宏伟　曹文宏　曹国侯　龚　剑

蒋树屏　解东升

重大工程建设关键技术研究

总　序

近年来,我国各项基础设施建设的发展如火如荼,"一带一路"建设持续推进,许多重大工程项目如雨后春笋般蓬勃兴建,诸如三峡工程、青藏铁路、南水北调、三纵四横高铁网、港珠澳大桥、上海中心大厦,以及由我国援建的雅万高铁、中老铁路、中泰铁路、瓜达尔港、比雷埃夫斯港,等等,不一而足。毋庸置疑,我国已成为世界上建设重大工程最多的国家之一。这些重大工程项目就其建设规模、技术难度和资金投入等而言,不仅在国内,即使在全球范围也都位居前茅,甚至名列世界第一。在这些工程的建设过程中涌现的一系列重大关键性技术难题,通过分析探索创新,很多都得到了很好的优化和解决,有的甚至在原来的理论、技术基础上创造出了新的技术手段和方法,申请了大量的技术专利。例如,632 m的上海中心大厦,作为世界最高的绿色建筑,其建设在超高层设计、绿色施工、施工监理、建筑信息化模型(BIM)技术等多方面取得了多项科研成果,申请到8项发明专利、授权12项实用新型技术。仅在结构工程方面,就应用到了超深基坑支护技术、超高泵送混凝土技术、复杂钢结构安装技术以及结构裂缝控制技术等许多创新性的技术革新成果,有的达到了世界水平。这些优化、突破和创新,对我国工程技术人员将是非常宝贵的参考和借鉴。

在2016年3月初召开的全国人大全体会议期间,很多代表谈到,极大量的技术创新与发展是"十三五"时期我国宏观经济实现战略性调整的一项关键性驱动因素,是实现国家总体布局下全面发展的根本支撑和关键动力。

同时,在新一轮科技革命的机遇面前,也只有在关键核心技术上一个个地进行创新突破,才能实现社会生产力的全面跃升,使我国的科研成果和工程技术掌控两者的水平和能力尽早、尽快地全面进入发达国家行列,从而在国际上不断提升技术竞争力,而国力将更加强大!当前,许多工程技术创新得到了广泛的认可,但在创新成果的推广应用中却还存在不少问题。在重大工程建设领域,关键工程技术难题在实践中得到突破和解决后,需要把新的理论或方法进一步梳理总结,再一次次地广泛应用于生产实践,反过来又将再次推动技术的更进一步的创新和发展,是为技术的可持续发展之巨大推动力。将创新成果进行系统总结,出版一套有分量的技术专著是最有成效的一个方面。这也是出版"重大工程建设关键技术研究"丛书的意义之所在。以推广学术上的创新为主要目标,"重大工程建设关键技术研究"丛书主要具有以下几方面的特色:

1. 聚焦重大工程和关键项目。目前,我国基础设施建设在各个领域蓬勃开展,各类工程项目不断上马,从项目体量和技术难度的角度,我们选择了若干重大工程和关键项目,以此为基础,总结其中的专业理论和专业技术使之编纂成书。由于各类工程涉及领域和专业门类众多,专业学科之间又有相互交叉和融合,难以单用某个专业来设定系列丛书,所以仍然以工程大类为基本主线,初步拟定了隧道与地下工程、桥梁工程、铁道工程、公路工程、超高层与大型公共建筑、水利工程、港口工程、城市规划与建筑共八个领域撰写成系列丛书,基本涵盖了我国工程建设的主要领域,以期为未来的重大工程建设提供专业技术参考指导。由于涉及领域和专业多,技术相互之间既有相通之处,也存在各自间的不同,在交叉技术领域又根据具体情况做了处理,以避免内容上的重复和脱节。

2. 突出共性技术和创新成果,侧重应用技术理论化。系列丛书围绕近年来重大工程中出现的一系列关键技术难题,以项目取得的创新成果和技术突破为基础,有针对性地梳理各个系列中的共性、关键或有重大推广价值的技术经验和科研成果,从技术方法和工程实践经验的角度进行深入、系统而又详尽的分析和阐述,为同类难题的解决和技术的提高提供切实的理论依据和应用参考。在"复杂地质与环境条件下隧道建设关键技术丛书"(钱七虎院士任编委会主任)中,对当前隧道与地下工程施工建设中出现的关键问题进行了系统阐述并形成相应的专业技术理论体系,包括深长隧道重大突涌水灾害预测预警与风险控制、盾构工程遇地层软硬不均与极软地层的处理、类矩形盾构法、水下盾构隧道、地面出入式盾构法隧道、特长公路隧道、隧道地质三维探测、盾构隧道病害快速检测、隧道及地下工程数字化、软岩大变形隧道新型锚固材料等,使得关键问题在研究中得到了不同程度的解决和在后续工程中的有效实施。

3. 注重工程实用价值。系列丛书涉及的技术成果要求在国内已多次采用,实践证明是可靠的、有效的,有的还获得了技术专利。系列丛书强调以理论为引领,以应用为重点,以案例为说明,所有技术成果均要求以工程项目为背景,以生产实践为依托,使丛书既富有学术内涵,又具有重要的工程应用价值。如"长大桥梁建养关键技术丛书"(郑皆连院士任编委会主任、陈政清院士任副主任),围绕特大跨度悬索桥、跨海长大桥梁、多塔斜拉桥、特大跨径钢管混凝土拱桥、大跨度人行桥、大比例变宽度空间索面悬索桥等重大桥梁工程,聚焦长大桥梁的设计创新理论、施工创新技术、建设难点的技术突破、桥梁结构健康监测与状态评估、运营期维修养护等,主要内容包括大型钢管混凝土结构真空辅助灌注技术、大比例变宽度空间索面悬索桥体系、新型电涡流阻尼减振技术、长大桥梁的缆索吊装和斜拉扣挂施工、超大型深水基础超高组合桥塔、变形智能监测、基于BIM的建养一体化等。这些技术的提出以重大工程建设项目为依托,包括合江长江一桥、合江长江二桥、巫山长江大桥、桂广铁路南盘江大桥、张家界大峡谷桥、西堠门大桥、嘉绍大桥、港珠澳大桥、虎门二桥等,书中对涉及具体工程案例的相关内容进行了详尽分析,具有很好的应用参考价值。

4. 聚焦热点,关注风险分析、防灾减灾、健康检测、工程数字化等近年来出现的新兴分支学科。在绿色、可持续发展原则指导下,近年来基础建设领域的技术创新在节能减排、低碳环保、绿色土木、风险分析、防灾减灾、健康检测(远程无线视频监控)、工程使用全寿命周期内的安全与经济、可靠性和耐久性、施工技术组织与管理、数字化等方面均有较多成果和实例说明,系列丛书在这些方面也都有一定体现,以求尽可能地发挥丛书对推动重大工程建设的长期、绿色、可持续发展的作用。

5. 设立开放式框架。由于上述的一些特性,使系列丛书各分册的进展快慢不一,所以采用了开放式框架,并在后续系列丛书各分册的设定上,采用灵活的分阶段付梓出版的方式。

6. 主编作者具备一流学术水平,从而为丛书内容的学术质量打下了坚实的基础。各个系列丛书的主编均是该领域的学术权威,在该领域具有重要的学术地位和影响力。如陈政清教授,中国工程院院士,"985"工程首席科学家,桥梁结构与风工程专家;郑皆连教授,中国工程院院士,桥梁设计施工专家;钱七虎教授,中国工程院院士,防护与地下工程专家；吴志强教授，中国工程院院士，城市规划与建设专家；等等。而参与写作的主要作者都是活跃在我国基础设施建设科研、教育和工程的一线人员，承担过重大工程建设项目或国家级重大科研项目，他们主要来自中铁隧道局集团有限公司、中交隧道工程局有限公司、中铁十四局集团有限公司、中交第一公路工程局有限公司、青岛地铁集团有限公司、上海城建集团、中交公路规划设计院有限公司、陆军研究院工程设计研究所、招商局重庆交通科研设计院有限公司、天津城建集团有限公司、浙江省交通规划设计研究院、江苏交通科学研究院有限公司、同济大学、河海大学、西南交通大学、湖南大学、山东大学等。各位专家在承担繁重的工程建设和科研教学任务之余，奉献了自己的智慧、学识和汗水，为我国的工程技术进步做出了贡献，在此谨代表丛书总编委对各位的辛劳表示衷心的感谢和敬意。

当前，不仅国内的各项基础建设事业方兴未艾，在"一带一路"倡议下，我国在海外的重大工程项目建设也正蓬勃发展，对高水平工程科技的需求日益迫切。相信系列丛书的出版能为我国重大工程建设的开展和创新科技的进步提供一定的助力。

孙钧

2017年12月，于上海

孙钧先生，同济大学一级荣誉教授，中国科学院资深院士，岩土力学与工程国内外知名专家。"重大工程建设关键技术研究"系列丛书总主编。

复杂地质与环境条件下隧道建设关键技术丛书

序

进入21世纪以来,随着经济的持续发展、综合国力的不断提升及高新技术的不断应用,我国隧道及地下工程得到了前所未有的迅速发展。我国已成为世界上隧道及地下工程规模最大、数量最多、地质条件和结构形式最复杂、修建技术发展速度最快的国家。同时,随着城市地铁建设力度的不断加大,跨江越海隧道工程数量不断增加,国家的重点建设项目如长距离供水、水下交通、西气东输等工程都将涉及穿越江河的问题,铁路、公路、市政、供水、供气、防洪、水电等隧道工程的建设都使隧道的数量大幅度增多。

在隧道建设技术方面,高速铁路隧道技术体系已基本形成;艰险山区复杂地质条件长大隧道建造技术不断取得进步;大断面软弱围岩隧道建造技术取得了很大进展;城市大跨浅埋隧道、越江跨河水下隧道的建造技术都已取得突破;隧道掘进机研发与制造取得了很大进步,这些都标志着我国隧道建设技术达到了一个新的发展水平。尤其是我国幅员辽阔,地质条件复杂,极端复杂的地质条件是制约隧道安全、高效建设的主要因素,是公认的隧道建设难点。依托一大批重难点工程,如青藏铁路关角隧道、兰渝铁路西秦岭隧道、港珠澳大桥沉管隧道、大瑞铁路高黎贡山隧道、武汉三阳路长江隧道等的相继贯通,我国在隧道及地下工程尤其是复杂地质与环境条件下的隧道工程建设方面,取得了很大成就和较多创新成果。为此,针对地形与地貌类型复杂、地质构造复杂、岩土体工程地质不良等复杂地质条件,以重难点工程的突破创新成果为基础,丛书编委会与上海科学技术出版社共同策划了本丛书。

丛书从地质探测、预警与风险控制、设计、施工、数字化应用等角度,系统梳理了山岭、水下、软硬不均地层等复杂地质与环境条件下隧道的建设关键技术,以学术专著的形式,介绍了近年来在复杂地质隧道建设过程中形成的创新成果和核心技术。丛书中涉及和介绍的创新成果与技术在国内属于领先水平,有的已形成具有自主知识产权的核心技术,且均已在重大工程中得到了应用,使得丛书具有前沿性、原创性、创新性、引领性的特点。例如,洪开荣的《软硬不均与极软地层盾构处理技术》,从理论上、技术上、工程案例上阐述软硬不均地层与水下隧道极软地层的盾构处理技术,代表了软硬不均地层隧道及地下工程的最新理论与实践;曹国侯、刘浩的《隧道地质三维探测技术》,依托作者主持的科研项目"国防工程地质预测及质量无损检测系统",并结合团队多年的研究和应用成果,全面介绍了隧道复杂地质地球物理探测的新理论、新方法与新技术;李术才的《隧道突涌水监测方法与预警技术》,依托国家重大科研仪器设备研制专项"用于掘进机施工的隧道不良地质定量超前预报综合地球物理探测仪器"、国家自然科学基金优秀青年科学基金项目"隧道突水突泥机理与灾害控制"等重大科研项目,介绍了在复杂地质隧道突水突泥灾害源超前预报技术及其在大型隧道工程中的应用;等等。丛书中涉及的工程应用案例还包括四川成兰铁路跃龙门隧道、济南黄河隧道工程、鄂西高速齐岳山隧道、青岛胶州湾隧道、南京长江隧道、武汉地铁8号线过江隧道等一批重难点工程。

在国家大力推进"一带一路"建设、实施创新驱动发展战略、建设交通强国的战略背景下,希望丛书的出版不仅能够更好地总结上述技术成果、推动创新技术的推广应用,更希望能在基础理论研究和共性关键技术的突破方面起到促进作用,在技术创新模式的培育、专业人才的培养方面能够起到积极的作用。丛书在研讨策划、组织、编写和审稿的过程中得到了相关大型企业、高校、研究机构和学会、协会的大力支持,许多专家在百忙之中给丛书提出了很多非常好的建议和想法,在此一并表示感谢。

钱七虎

2018 年 8 月

钱七虎先生,中国人民解放军陆军工程大学教授,中国工程院院士。"复杂地质与环境条件下隧道建设关键技术丛书"编委会主任。

前 言

自从 20 世纪 90 年代城市地铁隧道采用盾构法修建以来,盾构在地下工程中得到了广泛应用,尤其是我国基建工程处于高速发展阶段,工程规模越来越大,隧道工程越来越多,采用盾构法修建隧道也就越来越普遍。目前,盾构检修大多采用开舱检修的方法,这种检修方法极不安全,特别是在地质复杂的水下隧道中更易发生掌子面坍塌事故,危及检修人员安全,曾经有多个盾构隧道因开舱检修盾构刀盘、刀具而发生安全事故,也有因盾尾刷磨损失压而发生突泥突水造成机毁人亡。随着盾构技术不断进步,盾构检修技术也不断得到提高,现在采用的盾构维修新技术主要有不开舱可视化检测刀具刀盘技术、连续长时间带压换刀技术、注浆法或冷冻法更换盾尾刷技术。本书以南京纬三路过江通道水下盾构隧道工程为依托,重点从以下三个方面介绍了水下隧道盾构施工检测与维修技术。

1. 盾构饱和带压维修刀具、刀盘技术。饱和法开舱技术是世界上首次在高压封闭环境下在盾构刀具、刀盘维修时采用,为长时间不间断对盾构刀具、刀盘维修提供了保障。

2. 盾尾刷更换技术。在高水压强透水地层中采用注浆法或冻结法加固后更换盾尾刷,保证了大直径水下隧道盾构盾尾的密封性。

3. 高压封闭环境下可视化检测刀具、刀盘技术。该技术避免了开舱检测的安全风险,节省了时间,并通过专用软件分析达到检测精度,为是否需要维修提供依据。

本书图文并茂,且附有工程案例。读者对象为隧道及地下工程设计、施工、检测等行业的技术人员以及盾构生产企业的研发人员。

本书由中交隧道工程有限公司原总工程师石新栋牵头,组织中交第一公路工程局副总工程师姚占虎、同济大学教授石振明共同编写。其中,第1章、第7章由石新栋、姚占虎、石振明编写,第2章、第3章由姚占虎编写,第4至第6章由石振明编写,石新栋负责统筹、协调、审稿。在编写过程中,得到了上海科学技术出版社的大力支持,参与南京纬三路过江通道工程建设的工程技术人员给予了帮助,在此表示衷心感谢。

作 者

目 录

第1章　绪论 ... 1

1.1 水下盾构隧道概述 /1
1.1.1 水下盾构隧道工程发展史 /1
1.1.2 水下盾构隧道施工技术发展趋势 /2
1.1.3 国内水下盾构隧道发展存在问题 /3

1.2 泥水气压平衡盾构 /3
1.2.1 泥水气压平衡盾构发展 /3
1.2.2 泥水气压平衡盾构工作原理 /4

1.3 盾构刀具可视化检测技术研究现状 /5
1.3.1 盾构刀具磨损研究现状 /5
1.3.2 近景摄影测量技术研究现状 /7

1.4 盾构检修现状 /8

第2章　泥水平衡盾构气压条件下饱和法开舱技术 ... 9

2.1 研究背景 /10

2.2 设备研究 /11
2.2.1 生命保障系统 /11
2.2.2 穿梭舱 /14
2.2.3 盾构人闸 /16
2.2.4 穿梭舱运输和快速对接设备 /17
2.2.5 其他配套附属设备 /24

2.3 人员配置及职责 /25
2.3.1 饱和法开舱作业主要人员配置及职责 /26

2.3.2 饱和法开舱作业辅助工作人员配置及职责 / 27

2.4 工作面支护压力确定 / 28

2.4.1 经验系数法 / 28

2.4.2 整体稳定分析模型计算 / 28

2.4.3 开舱试验确定 / 29

2.5 泥浆及闭气泥膜形成 / 29

2.5.1 泥膜闭气性测试实验装置与方法 / 29

2.5.2 不同性质泥膜的形成及闭气实验 / 33

2.5.3 泥膜的闭气性评价指标 / 40

2.5.4 泥膜闭气机理分析 / 46

2.5.5 闭气泥膜形成技术 / 49

2.5.6 泥膜质量检测和失效修复 / 51

2.6 饱和法开舱作业呼吸气体及开舱作业 / 52

2.6.1 饱和法开舱作业呼吸气体种类 / 52

2.6.2 生活舱气体供应种类 / 52

2.6.3 饱和法开舱作业 / 53

2.7 医疗保障 / 61

2.7.1 进舱作业人员选拔 / 61

2.7.2 进舱作业前体检 / 62

2.7.3 舱内作业人员职业健康管理 / 62

2.7.4 气压条件下饱和法作业减压病 / 63

2.8 风险管理 / 66

2.8.1 编制专项方案 / 66

2.8.2 风险因素识别 / 66

2.8.3 风险评价 / 67

2.8.4 饱和法开舱作业主要风险管理和应对措施 / 69

第3章 水下隧道盾构盾尾刷更换技术 73

3.1 水下隧道盾构盾尾刷失效原因分析 / 74

3.2 水下隧道盾构盾尾刷更换方案 / 75

3.3 注浆止水盾尾刷更换技术 / 75

3.3.1 注浆止水盾尾刷更换总体方案 / 75
3.3.2 特殊管片设计 / 76
3.3.3 同步注浆封堵止水 / 77
3.3.4 二次补强注浆封堵止水 / 77
3.3.5 特殊管片环注浆封堵止水 / 77
3.3.6 盾体前端压注聚氨酯封堵 / 78
3.3.7 注浆封堵效果检测 / 79
3.3.8 注浆止水盾尾刷更换施工 / 79
3.3.9 盾尾渗漏应急措施 / 85

3.4 冻结法盾尾刷更换技术 / 85

3.4.1 盾尾刷更换方案比选 / 85
3.4.2 液氮冻结法设计方案 / 85
3.4.3 冻结孔施工 / 89
3.4.4 冻结管路安装 / 91
3.4.5 冻结期温度监测 / 93
3.4.6 盾尾刷更换 / 98

3.5 安全施工保证措施 / 98

3.5.1 作业平台搭设安全保证措施 / 98
3.5.2 钻孔施工安全保证措施 / 98
3.5.3 冻结管路安装作业安全保证措施 / 98
3.5.4 液氮冻结施工安全保证措施 / 99

第4章 盾构刀具可视化检测技术装置 100

4.1 盾构刀具可视化检测设计思路 / 100

4.1.1 系统功能与设计思路 / 100
4.1.2 系统关键技术 / 102

4.2 盾构刀具可视化检测装置 / 105

4.2.1 摄影装置 / 105
4.2.2 推进装置 / 107

4.2.3 冲洗装置 / 108

4.2.4 密封试验 / 109

第 5 章　盾构刀具磨损分析 112

5.1 盾构精密三维模型构造 / 112
5.1.1 构建盾构模型的基础框架 / 112

5.1.2 三维模型精细化处理 / 113

5.2 检测影像数据姿态解算 / 117
5.2.1 相机标定 / 117

5.2.2 姿态解算 / 120

5.3 空间场景结构恢复 / 120
5.3.1 图像锐化 / 121

5.3.2 直方图均衡 / 121

5.3.3 阈值分割 / 122

5.3.4 Canny 边缘检测 / 122

5.4 盾构刀具可视化检测软件 / 123
5.4.1 软件设计 / 124

5.4.2 软件功能与流程 / 125

5.4.3 定向点采集界面 / 126

5.4.4 图像处理操作 / 128

5.4.5 三维视图操作 / 130

第 6 章　盾构刀具可视化检测系统操作规程 134

6.1 后视系统操作规程 / 134
6.1.1 准备工作 / 134

6.1.2 安装后视系统 / 135

6.1.3 成像采集数据 / 136

6.1.4 安全退回并拆卸 / 136

6.2 前视系统操作规程 / 137

6.2.1 准备工作 / 137
6.2.2 安装前视系统 / 138
6.2.3 成像采集数据 / 140
6.2.4 安全退回拆卸 / 141

第7章 工程应用案例 142

7.1 南京纬三路过江通道概况 / 142
7.1.1 地理位置 / 142
7.1.2 施工地质和水文环境 / 143
7.1.3 项目特点 / 144
7.2 南京纬三路过江通道盾构选型与配置 / 145
7.3 南京纬三路过江通道盾尾刷更换背景 / 145
7.4 盾构刀具磨损检测应用 / 146
7.4.1 盾构磨损检测应用背景 / 146
7.4.2 第一次测试 / 148
7.4.3 第二次测试 / 150
7.4.4 第三次测试 / 152

参考文献 155

第 1 章

绪　论

水下隧道的修建方法主要有盾构法、沉管法、钻爆法和围堰明挖法，其中盾构法因具有施工安全、质量好、速度快、地质适应性强、洞内作业环境好、适用于多种地层等优点，成为应用最广的工法，全世界70%的水下隧道均采用盾构法修建。我国江河湖海众多，跨水域通道需求越来越大，未来对水下盾构隧道需求巨大。

盾构法起源于19世纪40年代，是一种全机械化的暗挖施工方法，它是依靠盾构机(掘进机)在地层中推进和用切削装置进行地层开挖，通过出土机械或泥水循环系统将渣土运至洞外，并逐环拼装预制管片来支撑四周围岩防止坍塌，进而形成隧道衬砌结构的一种机械化施工方法。以往主要适用于单一的软弱地层，且断面较小；随着"复杂地质、大直径、高水压、长距离"隧道建设的需要，20世纪末出现了现代盾构技术，而盾构检修则是保障盾构正常运转的关键。

1.1　水下盾构隧道概述

1.1.1　水下盾构隧道工程发展史

19世纪40年代，英国首次采用盾构法修建了穿越伦敦泰晤士河的水下人行隧道，标志着水下盾构法隧道的诞生。自20世纪60年代开始，英国首创泥水加压盾构，至70年代日本在泥水加压盾构方面取得很大进展，并出现了一种更新颖的土压平衡式盾构。盾构法在深堆积中等软弱的地层中最为适用，因而在港湾下的浅水区和沿海地带经常采用。世界上已修建了大直径盾构隧道(直径大于10 m)数百座，盾构法水下隧道最为集中的地点在纽约，其在赫德森河、东河、哈莱姆河下采用盾构法施工了39座隧道。

近几十年来，随着跨越江河、海湾建造大型通道工程需求的增多，大型、超大型盾构设计、制造、施工更臻成熟、可靠，并不断有新的突破和发展，盾构法应用越来越广。其中最具代表性的三大海底隧道是1993年竣工的英法海峡隧道、1995年竣工的丹麦斯多贝尔特海峡隧道、1996年竣工的日本东京湾横断公路隧道。其他已建成的代表性隧道还有1997年修建的德国汉堡易北河的第四孔隧道和2005年建成的荷兰阿姆斯特丹—鹿特丹高速铁路上的"绿色心脏"隧道。

我国上海市于1966年和1984年分别修建了外径为10.22 m的打浦路越江隧道和外径

为 11.30 m 的延安东路越江隧道，由此开始了我国大型水下隧道建设的历史。20 世纪 90 年代，上海市又先后修建了外径均为 11.0 m 延安东路南线隧道、大连路隧道、复兴东路隧道三天越江道路隧道；近年又完成了外径为 6.32 m 的越江市政排水隧道。

近年来，一大批公路与市政用途的大型盾构法越江隧道建设，将我国水下隧道的建设规模和修建技术推到了新的高度。目前国内已在黄浦江、长江、珠江、钱塘江、湘江等河流采用大直径盾构修建了数条水下隧道，其中直径最大的盾构隧道是上海长江隧道和杭州钱塘江隧道，隧道外径为 15.0 m；长度最大和水压力最高的隧道是广深港高铁狮子洋隧道，直径为 14.5 m，盾构段长 3 022 m；在长江上开工和贯通最早的大直径盾构隧道是 2008 年 12 月通车的武汉长江隧道。其他已建成的代表性隧道还有 2010 年 12 月通车的外径为 11.3 m 的杭州庆春路钱塘江隧道、2011 年 12 月通车的外径为 6.2 m 的武汉地铁 2 号线越长江区间隧道、2014 年 9 月通车的外径为 14.5 m 的扬州瘦西湖隧道等。

1.1.2　水下盾构隧道施工技术发展趋势

当今水下盾构隧道的修建技术取得了巨大的成就，但仍处于高速发展期。技术发展趋势如下。

（1）隧道长距离化。

隧道长度经常成为隧道修建的最大难题。随着长度达 49.5 km 的英法海峡和长度达 53.9 km 的青函海底隧道的成功修建，水下隧道的长度已难以成为修建的制约因素。同时，我国水下隧道在长度上也紧跟国际先进水平，跻身于先进行列。在盾构法隧道方面，广深港高铁狮子洋隧道是我国首座长度超过 10 km 的水下隧道，长度仅次于英法海峡隧道，为世界第二长盾构法水下隧道。

（2）隧道大直径化。

在盾构隧道方面，自 20 世纪 90 年代以来，世界上修建的超大直径盾构隧道越来越多，目前世界上最大直径盾构隧道为美国西雅图 SR99 项目，隧道开挖直径达 17.48 m，隧道内径为 15.85 m，外径为 17.07 m；我国武汉三阳路公铁合建长江隧道开挖直径为 15.65 m，隧道外径为 15.2 m，为全世界第二大直径盾构隧道。

（3）隧道大埋深高水压化。

在盾构隧道方面，英法海峡隧道位于海平面以下 100 m，土耳其博斯普鲁斯海峡公路隧道最低深度在海平面以下 106 m，佛莞城际铁路狮子洋隧道最低深度位于海平面以下 78 m。在沉管隧道方面，土耳其的波斯普鲁斯海峡铁路隧道最大深度达 58 m，韩国釜山—巨济岛隧道最大水深达 50 m。

（4）地质条件复杂化。

以往盾构隧道主要应用于单一的软弱地层，近些年来，盾构法使用的地质范围原来越广,已有很多大直径盾构隧道穿越各种复杂地质,包括土岩复合地层、断层、岩溶等。

(5) 施工装备现代化。

为适应地质条件的复杂化,盾构设备由以往单一功能的土压盾构、泥水盾构等双模式盾构发展。此外,在采用常压换刀技术降低施工风险方面也取得了突破,如已建南京长江隧道开发了适应性高磨蚀性密室卵石砾地层刀具配置技术,创新了刀具更换技术与进舱泥膜技术,攻克了高水压高磨蚀地层超大直径盾构长距离连续掘进技术难题,广深港狮子洋隧道开发了盾构地中对接技术,解决了深水、宽海域下隧道修建难题;攻克了大直径盾构长距离连续穿越软土、砂层、岩层及其破碎带的技术难题。

(6) 工程技术交叉化。

水下盾构隧道技术进步还体现在各种隧道工法、各种土木工程技术之间的相互借鉴和交叉利用。如将山岭隧道中常用的超前地质预报技术、超前注浆技术应用于盾构隧道,将复合地基技术应用于盾构隧道等,不断推进水下盾构隧道的技术进步。

1.1.3　国内水下盾构隧道发展存在问题

(1) 施工与管理方面。

因工期压力、造价压力、质量意识、技术水平等方面引起的施工质量问题时有发生,如管片错台量过大、结构变形过大、局部开裂等,导致对工程耐久性产生了较为严重的影响。需要进一步加强施工组织技术、精细化施工技术、标准化管理等方面的研究。

(2) 材料方面。

在接缝防水密封垫方面,个别工程密封垫采用再生材料制作或有意降低材料性能,导致防水质量不过关、耐久性堪忧。

(3) 装备及盾构水下维修方面。

在一些案例中,因盾构装备方面的原因导致了掘进困难、刀盘开裂、刀具消耗量过大等问题,今后在盾构设备配置与地质适应性分析、刀具及刀具更换技术、长距离掘进设备耐久性技术、多模式盾构技术等方面还需要进一步加强研究。

1.2　泥水气压平衡盾构

1.2.1　泥水气压平衡盾构发展

越江跨海交通隧道工程一般均采用泥水平衡盾构,无论是断面尺寸还是一次掘进长度,均远大于一般地铁隧道中采用的泥水平衡盾构,存在众多施工难点以及风险点。包括大型泥水平衡盾构进出洞、盾尾渗漏防治与控制、联络通道施工、盾构长距离掘进、浅覆土施工、大直径隧道通用楔形管片错缝拼装、长距离泥水输送与泥水处理、大断面隧道施工期间抗浮问题和盾构推进与道路结构同步施工、环境保护等问题。

盾尾刷防渗控制是越江跨海交通隧道工程众多施工难点中最为棘手的问题之一。盾构的长距离掘进或施工不当会对盾尾钢丝刷造成一定的磨损,当磨损过大时盾尾刷会因为失去密封作用,若漏浆严重可能造成盾构机淹没,因此需要更换。盾尾钢丝刷更换的难点在于管片拆卸后盾构尾部的密封止水,根据以往的工程实践,盾尾刷的更换大都采用加大盾尾同步注浆量以及改变注浆配比以加快浆液凝固等措施来加强盾尾密封止水的效果,国外也有采用化学注浆进行封水。但注浆法也存在许多不利因素,如地层不适应性、注浆帷幕的连续性差、均匀性差、注浆土体与盾构及管片的胶结缺乏柔性和韧性等,注浆封水无百分之百的把握。如何选择一种更好的施工方法,从而更好地防治和控制盾尾的渗漏,是亟待解决的关键问题。研究高水压超大直径越江隧道工程盾构隧道盾尾刷防渗及更换技术具有重要工程意义、经济效益和社会效益。相较于注浆止水层,冻结法形成的冻土帷幕具有连续性好、均匀性好、封水性好、柔韧性好、强度高等优点,这些都恰好解决了盾构尾刷更换时所遇到的难题。

1.2.2 泥水气压平衡盾构工作原理

泥水气压平衡盾构的基本结构和工作原理如图1-1所示。刀盘后方至支撑环的空间为泥水舱,目前常用的大型泥水盾构通常为双舱结构,即泥水舱通常被一个隔板分成前后两个舱,前面的一个舱充满泥浆,后面的舱的上部为气垫舱。前舱内泥浆压力用来平衡掌子面

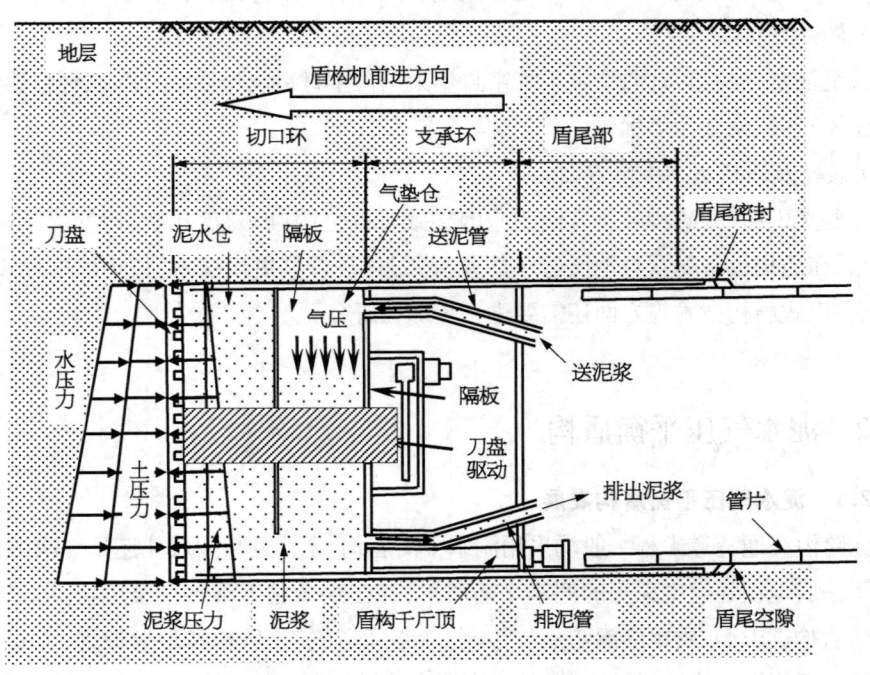

图1-1 泥水加压式盾构工作原理示意图

处的土、水压力,维持掌子面的稳定,泥水舱的泥浆压力通过控制进出浆的流量和气垫舱的压力来控制,气垫舱可更加精细、更加稳定地控制泥浆压力。

泥水气压平衡盾构工法是通过进浆管道向泥浆舱中注入泥浆并控制一定压力,使泥浆向地层中渗透并形成泥膜来平衡开挖面处的土水压力,维持开挖面稳定,然后切削开挖面处的地层。泥水盾构隧道施工时,通过调整泥浆的密度、黏度、级配等性质并控制压力舱泥浆压力来维持开挖面的稳定而进行隧道挖掘。同时通过泥浆将切削下融入泥浆中的渣土一并带出,通过地面的渣土筛分系统将泥浆带出的渣土进行分离,经过筛分系统分离后的泥浆可选择再利用。

泥水气压平衡盾构气压法开舱作业原理是把泥水舱的泥浆置换成压缩空气,稳定泥膜起到保压的作用,空气压力与掌子面水土压力平衡,支撑掌子面稳定,作业人员在压缩空气环境下作业。作业时,打开气泡舱与泥水舱上部联通管路,空气从气泡舱进入泥水舱,同时打开排浆泵排浆,液面降至工作所需的高度。作业人员从盾构人闸进入泥水舱作业,作业完成后在人闸内减压。作业人员进入人闸后,升泥水舱液面,打开上部排气阀和进浆泵,直至掌子面泥浆全部充满。

1.3 盾构刀具可视化检测技术研究现状

隧道工程是我国重要的基础设施产业,是拉动国民经济增长的主要动力之一。在"一带一路"倡议将从顶层设计和规划走向逐步落实之际,结合我国经济社会发展对基础设施的需求以及当今发展方式与内容的阶段性特征,要求我们要以战略思维来审视今后一个时期的发展重点,在隧道、桥梁、地下工程领域,以国际的眼光、全方位的视角,进行战略与技术层面的深入探讨与研究。

在连接我国各大沿海经济区的重大跨海越江隧道工程的建设项目当中,盾构法是隧道暗挖施工中的一种广泛使用的全机械化施工方法。盾构机作为一种集机、电、液技术为一体的大型设备,因其经济性、安全性以及对地面环境影响较小等优点在软土地区得到广泛应用。在盾构施工过程中,刀具磨损严重是遇到的最难的课题之一。水下隧道施工中其刀具更换必须为带压作业,安全风险大、费用高昂、作业工期长。现有的刀具磨损情况检测方法包括开舱检查、刀具磨损感应装置、异味添加剂、掘进参数分析等。其中开舱检查的方法存在很高的风险,刀具磨损感应装置检测不全面,异味添加剂在泥水式盾构中效果不佳,掘进参数分析方法不够精准。所以目前工程中需要一种安全、便捷、经济、可靠地分析刀盘磨损情况的方法,为换刀提供科学指导。

1.3.1 盾构刀具磨损研究现状

盾构施工由不同类型刀具的破岩原理不同,其磨损方式也不尽相同。在复合地层的盾构工程中,盾构一般选用复合式刀盘,即滚刀与刮刀相互搭配,刮刀受到滚刀的保护,盾构机刀具的磨损以滚刀的磨损为主。滚刀的磨损一般可分为正常磨损和非正常磨损,正常磨损主要指均匀磨损和偏磨,而非正常磨损则主要包括漏油、刀圈崩裂、挡圈脱落等。在复合地层的盾构工程中,盾构一般选用复合式刀盘,即滚刀与刮刀相互搭配,刮刀受到滚刀的保护,盾构刀具的磨损以滚刀的磨损为主。刀具磨损或失效后若不能及时发现或更换,将导致刀圈超量磨损、断裂、轴承异常损坏甚至刀盘严重磨损,大大降低掘进效率。刀具更换必须为带压作业,其特点是安全风险大、费用高昂、作业工期长。所以,人为地、任意地、盲目地更换刀具会造成工期延长,增加工程成本和安全风险。研制一套盾构刀具可视化监测系统,使其能够准确地监测刀具的损耗状态,具有非常重要现实的意义。

在复合地层的盾构工程中,盾构一般选用复合式刀盘,刀具的磨损以滚刀的磨损为主。目前,刀具磨损、失效的常见的监测方法有以下几种。

① 异味添加剂:这种方法适合在 TBM 中应用,为了检测轴承失效情况,在其轴承润滑油中加入了具有异味的 MOLYUAN 添加剂,掘进中若刀具漏油,则放出刺鼻的异味,能很敏感地报告刀具损坏信息。

② 刀具磨损感应装置:在刀具或刀盘内安装液压或电子传感器系统,一旦刀具磨损到一定程度就会自动报警指示。

③ 掘进参数分析:随着刀具的磨损,在推力不变的情况下,掘进速度一般会降低,扭矩增加,据此可以粗略估计刀具磨损情况。

④ 岩渣形状分析:一般地,新刀产生的岩渣块度较大,多呈片块状,棱角分明,刀具磨损后,岩渣块度变小棱角磨损,粉末增加。

⑤ 开舱检查:这是最直接最可靠的方法,停机后由人工进舱逐个刀具检查。

在上述方法中,开舱检查的方法最为直接有效,但却存在很高的风险,可能造成开挖面的坍塌,进而影响隧道周边建筑物的安全;且费用昂贵,单次带压作业开舱检查的成本高达数百万元,耗时超过 7 天,同时作业人员的人身安全风险也很高。刀具磨损感应装置只能安装于少部分刀具上,对其他刀具的磨损则无法感应。异味添加剂在土压平衡式盾构和泥水式盾构中效果不佳。掘进参数分析方法则是通过对一些最基本、最重要的掘进数据(如掘进速度、千斤顶总推力、刀盘扭矩、刀盘转速、土舱压力等)进行分析后,建立掘进过程中总推力、总扭矩与掘进速度之间的经验关系。一般说来,滚刀完好情况下,预测值与实际值之间的偏差值比较小;滚刀磨损后,预测值与实际值之间的偏差值将增大,故可通过对比掘进速度或扭矩的预测值与实际值之间的偏差情况来预报滚刀磨损状况。但偏差值的大小不好确定,而且非正常的损耗往往发生在地质条件最复杂的路段,所以无法准确预测刀具的磨损情况。因此,需要开发一种安全、高效地刀盘磨损监测系统。

1.3.2 近景摄影测量技术研究现状

随着科学技术的发展,基于摄影测量的监控技术在社会生产和实践活动中已经获得了广泛应用。与其他测量和检测技术相比较,影像检测最能符合人们的直接视觉感受,使用上的便捷性优势突出。随着科技的发展和实践经验的累积,人们逐渐将视线转移到可视化监测系统的发展,综合运用机、光、电手段对盾构掘进机土压舱与刀具的工作状况进行远距离直接监测,提出了在盾构掘进状态下进行连续性监视或在盾构停机状态下进行断续性监测,以实现刀具的定性和定量分析。

数字摄影测量技术在工程领域的应用首次由 Linkwitz(1963),Rengers(1967)等人在 20 世纪 60 年代提出,为工程应用研究提出一个崭新的思路。由于水对光的散射和与吸收、水压、水中的能见度等因素,水下光电成像系统与陆地使用的光学观测系统大为不同。经过几十年的发展,水下摄像技术已日趋成熟,日本 Moritox 公司、法国 ECA 公司、美国洛克希德公司都研制成功了水下摄像系统。在国内,中国科学院西安光学精密机械研究所也研制成功了水下电视系统,对水下摄像技术进行了较深入的研究,并从水中成像的光学特性、辅助照明系统、水下目标图像提取技术等方面进行了阐述。

近年来,基于电子技术的迅猛发展,数字摄影测量技术在土木工程,特别是岩土工程和结构工程领域的应用也取得很大进展。

德国航空太空中心已成功开发了 ATOS(2008),ARAMIS(2003),ARGUS(2004),TRITOP(2001),PONTOS(2006),ESPI(2000)等诸多基于光学图像的检测分析系统。目前在结构物表面细微裂缝的超高精度识别,大尺寸结构物的高精度数值化建模,以及振动分析中得到广泛应用。奥地利的 3G Software & Measurement GmbH 公司,德国的 Gom Mbh 公司,以及美国的 Correlation 公司,开发了诸多工程技术领域实用技术。例如 3G Software & Measurement GmbH 公司生产的 JointMetriX3D,是一个全新的代表当今高技术水平的三维非接触测量系统。该系统高达 1 亿的像点,可确保识别体毫米级的测量标准。

在日本,摄影测量技术的应用较为广泛,主要集中在桥隧运营管理。以日本光学应用技术协会和结构长寿命研究中心(2008 日本文部省设立于长崎大学构造工学中心)为技术支持,依托关东地区的 Shubo 检测公司,关西地区的西日本检测公司等多家实践单位,形成了科研、应用、信息回馈、改进开发的成熟体系。此外,北九州检测检查公司和东京电力公司合作开发的检测系统以及相关分析软件已经在日本的东京地铁隧道得到长期应用。以 GETC 公司开发的 CrackDraw 系统为例,通过摄影或录像的手段完成野外调查工作,再通过专业的影像分析软件,实现对结构物的三维重塑,对各种病害(裂隙、剥落、渗水、钙化等)进行数字化量测并在三维模型上标示,最终建立结构物健康状况数字化图像数据库,从而实现对结构物健康状况的长期监测与评估。

在专业领域使用可视化监测系统,首先得克服特定使用环境下的各种技术问题,比如钻孔电视,其密封结构可承受数百米甚至数千米深的水压,海底探测使用的摄像头也必须具备耐压耐腐蚀的能力。数字光学成像技术是一种新型的钻孔摄像技术,代表了当今钻孔摄像技术的最高水平。通过结合电子技术、视频技术、数字技术和计算机应用技术,可从前视和侧视角度对钻孔内孔壁进行无扰动的原位摄像记录并加以分析研究,并具有全景观察和实时监视的能力。利用面成像技术、面图像无缝缝合技术和扫描线成像技术生成高精度全孔图像,直观准确地反映钻孔内的实际情况,保证钻孔工程地质信息采集的完整性和准确性。

将摄影测量系统应用到盾构刀盘磨损监测是一种可行的研究方向。用于盾构刀具监测的可视化系统必须满足耐压及具备数字化影像量测能力的功能要求。

1.4 盾构检修现状

目前,盾构检修大多采用开舱检修的方法,这种检修方法极不安全,特别是在地质复杂的水下隧道中更易发生掌子面坍塌,危及检修人员安全,曾经有多个盾构隧道因开舱检修盾构刀盘而发生安全事故,也有因盾尾刷磨损失压而发生突泥突水造成机毁人亡。随着盾构技术不断进步,盾构检修技术也得到不断提高,现在采用的盾构检修新技术主要有以下几种:

① 不开舱可视化检测刀具刀盘技术;
② 连续长时间带压换刀技术;
③ 注浆法或冷冻法更换盾尾刷技术。

第 2 章

泥水平衡盾构气压条件下饱和法开舱技术

盾构在复杂多变的复合地层中掘进时,难免会遇到设备故障及刀具磨损等情况,因此停机开舱作业难以避免。越江、跨海隧道中,停机位置往往位于难以进行地层加固的江底或海底位置,一般采用带压开舱作业。

目前国内外已有不少常规带压开舱成功的实例,如 2000—2003 年葡萄牙波尔图地铁 S 线和 C 线盾构区间施工中,由于刀具磨损严重,几乎每班都需要带压开舱对刀盘进行维护操作,其带压工作压力为 0.15~0.20 MPa。德国 Elbe 4 号隧道在由砂、泥灰岩和漂石组成的第四系冰碛层中使用泥水平衡盾构施工,开挖直径 14.2 m,浅埋(最浅 7 m)深水(水头最大达 0.42 MPa),在河底最深处需要开舱更换中心刀进行修复,工人在 0.4~0.45 MPa 压力下最多工作 80 min/次,出舱减压必须在氧舱中进行,需要 2 h。全线总计进行了 2 738 h 带压操作,其中 237 h 压力大于 0.36 MPa,21 次有人员报告出现减压病症状,都是在压力小于 0.36 MPa 情况下出现的。德国 Weser 隧道使用泥水盾构(直径 11.71 m)在冰川沉积物中施工,隧道拱顶距海底最深 40 m。在最大 0.5 MPa 和 0.45 MPa 压力下开舱维护破碎机和刀盘,此外还雇佣潜水员在最大 0.5 MPa 压力下的膨润土浆液中工作。全线带压工作共计 1 400 h,其中 600 h 压力超过 0.36 MPa,仅有 15 次报告出现减压病,且压力都小于 0.36 MPa。

在我国,广州地铁 4 号线小谷围至新造区间左线江底盾构于 2005 年 6 月实施了带压换刀操作;2006 年 12 月开工的宜昌长江穿越隧道工程(川气东送)使用德国海瑞克泥水加压盾构机施工,带压开舱修复磨损刀盘和更换刀盘主轴密封;中铁隧道集团在武汉长江隧道盾构施工中,首次自主实现高水压带压作业技术(0.45 MPa 压力下带压作业);在南京长江隧道(纬七路)盾构施工中,中铁十四集团依托德国北海潜水公司实现在 0.65 MPa 压力下的带压开舱作业。

由此可见,大部分长距离穿越复杂多变的地层的盾构隧道工程,都难以避免带压开舱作业,而目前采用常规带压开舱作业加压减压所需时间长、舱内有效工作时间短,影响工作效率,并且反复加压减压容易危害作业人员的身体健康。

2.1 研究背景

南京纬三路过江通道工程盾构在江底掘进过程中,都出现部分刀具严重磨损现象,必须停机开舱进行刀具的检修和更换,否则有可能会磨损刀盘。工作舱检修压力为 0.61~0.72 MPa。由于停机位置位于江面以下 50 m 左右,不具备地层加固等常压开舱的条件,因此首先采用的是技术比较成熟的常规压缩空气开舱技术。然而,对于南京纬三路过江通道这种地质条件复杂、工作压力较大、刀具检修或更换频繁的工程,常规压缩空气开舱技术存在几个弊端:

① 超过压缩空气开舱技术限于 0.6 MPa 的极限;

② 每班次压气作业均须执行加压和减压至常压的程序,每班次的有效工作的时间仅为 20~25 min,减压总时间大于 180 min,工作效率低下,极大的影响工程进度;

③ 每天多次执行减压程序,减压病发病率较高,危害作业人员身体健康;

④ 作业人员呼吸压缩空气,呼吸气体密度增加,呼吸阻力增大,工作能力下降;压缩空气中氮气的麻醉作用,导致作业人员风险意识和判断能力严重降低,容易出现人身伤害事故。

因此,南京纬三路过江通道工程盾构开舱作业中开始尝试使用更为先进的饱和带压开舱技术。饱和带压开舱是指自开舱之日起,作业人员经历一次加压过程,长期(15~30 d)在设定压力的饱和居住舱生活和休息,每天乘坐穿梭舱运送至盾构工作舱内从事盾构压气检修工作 4~6 h,结束当天工作后乘坐穿梭舱返回居住舱,待作业任务完成后一次性减压返回常压的工作方式。这种技术避免了盾构常规带压开舱每次作业都需要加压、减压的问题,使得舱内工作时间大大延长,极大地提高作业人员在舱内的作业效率,尤其是在岩石地层磨损严重、维修工作量大、压气维修持续时间较长时,饱和法开舱技术能大幅度减少停机换刀作业时间,提高工程进度,创造可观的经济效益。同时,因作业人员呼吸专用的压缩氦氧混合气体(以氦气代替空气中的氮气),既降低作业人员呼吸阻力,又避免了氮麻醉情况的发生。避免每班次压气作业必须减压的缺陷,极大减少了减压病发生的概率。

目前我国已经成为世界上修建大型水下隧道最多的国家,然而日益突出的盾构被迫停机检修或换刀的问题,已成为困扰我国盾构技术发展的重要瓶颈,如何安全、快速地进行开舱、检修或更换刀具也成为盾构行业最为关注的问题。压气条件下饱和法开舱作业技术以其作业效率高、安全性好等特点,将成为解决盾构隧道开舱作业的关键技术,是对盾构技术的重要拓展。

因此,依托南京纬三路过江通道工程进行压气条件下饱和法开舱作业技术的研究是十分必要和迫切的。这对于实现该技术和设备制造的国产化和自主化,掌握盾构隧道饱和法开舱核心技术,提高盾构隧道施工的创新能力和水平,形成具有我国自主知识产权和创新特色的盾构压气条件下饱和法开舱作业技术体系,具有重要的推动作用和战略意义。

泥水气压平衡盾构气压条件下饱和法开舱是作业人员在高压空气条件下,通过呼吸氦氧混合气体,延长作业时间的一种开舱方式。开舱作业前,开舱作业人员进入生活舱并通入混合气体加压至设定压力,开舱作业时,首先用混合气体对穿梭舱进行洗舱,监测气体成分符合要求后,密封穿梭舱通入混合气体至其压力与生活舱相同后生活舱对接,开舱作业人员由生活舱进入穿梭舱。穿梭舱通过运输车运送到隧道内盾构台车位置。穿梭舱通过盾构机口型构件吊机吊至专门搭设的穿梭舱运输轨道上,穿梭舱通过在轨道上滑行至管片拼装机下方。将穿梭舱与管片拼装机改造悬臂连接,通过管片拼装机旋转至人闸位置落舱平台后与人闸舱副舱对接锁定。开舱作业人员从穿梭舱进入人闸开始开舱作业,作业人员开舱作业全过程呼吸混合气体,一次连续作业时间约为 4～6 h。一次开舱作业结束后,作业人员返回穿梭舱,并运输至生活舱,进入生活舱内休息。

2.2 设备研究

2.2.1 生命保障系统

生命保障系统是满足作业人员在带压状态下正常生活、工作、休息的设备。主要包括控制室(图 2-1)、生活舱(图 2-2)、舱外配套设施等。生活舱分为主舱和副舱,分隔处设置密封门,达到两舱可共同和独立使用的作用,当开舱作业人员突发减压病时,则可单独隔离副舱作为减压病治疗舱。生活舱具备办公、休息和洗漱功能。南京纬三路过江通道采用的生活舱主舱容积 6.8 m^3、长度 2.2 m、直径 2 m,可容纳 3～4 人同时居住。辅舱容积 3.1 m^3、长度 1 m、直径 2 m。生活舱设置独立操控面板,可分别控制主、辅舱的压力、气体供应、温湿度调控、气体成分监测、通信及紧急救援程序。生活舱内的主要设施有:

① 指数表包括温湿度表、环境压力表、防爆时钟;

② 安全装置包括应急呼叫系统、灭火系统、气体分析系统;

③ 生活用具包括马桶、盥洗盆、淋浴、可折叠饭桌、装有应急药品和床;

④ 居住舱舱体内安装有照明设备,封头位置分别安装有摄像窗,侧壁上安装有观察窗,所述观察窗上且位于舱体的内外壁上分别设置有保护玻璃。

(1) 生活舱控制室。

生活舱控制系统集成设置在 5.5 m 标准集装箱内,通过管路、线缆与生活舱、混合气体气瓶组、治疗气体气瓶组、氧气瓶组、电站、空压机站连接,实现有效的生命支持保障功能。

控制室分为生活舱控制区和环境设备控制区。生活舱控制区设有集中控制台以实现生活舱系统的各种操作控制和生命支持,维持生活舱内稳定适宜的居住环境。环境设备控

图 2-1 生活舱控制室

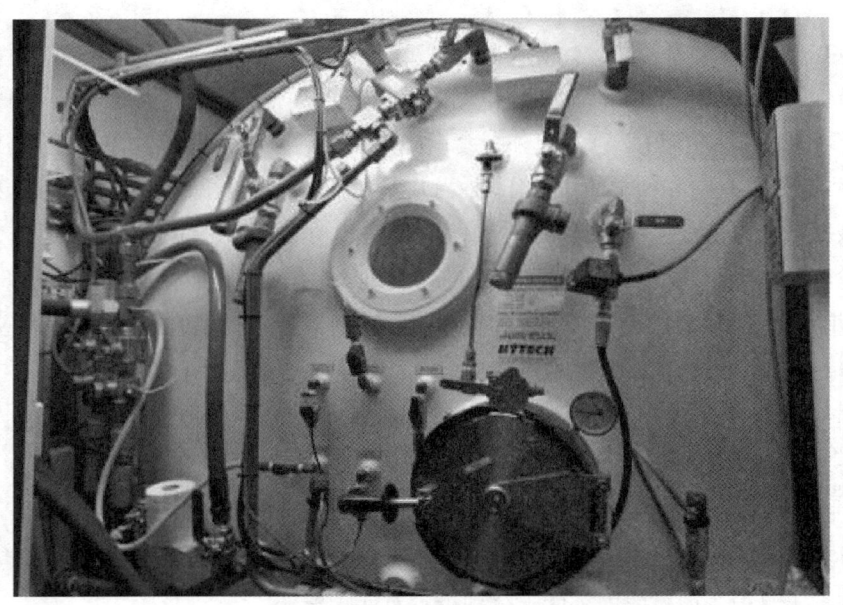

图 2-2 生活舱图片

区主要控制生活舱内温度、湿度的冷水源及热水源制造设备及各种管路。

(2) 供气系统。

供气系统包括不同成分浓度的气瓶组(氦氮氧三元混合气瓶组、不同成分浓度的治疗气瓶组、医用氧气瓶组)、压缩空气站、储气罐、供气装置及操作面板、各种供气管路等。

(3) 压力监测控制系统。

压力监测控制系统主要由压力测示仪表、控制阀门、过压报警装置、各种管路及其消音装置组成。

(4) 环境气体监测控制系统。

环境气体监测控制系统主要由环境气体采样、分析测定及显示设备等组成,以便实时监测生活舱内的氧气浓度、氦气浓度、氮气浓度。氧浓度监测仪器需定期使用标准气体校对,确保显示数值准确可靠。

(5) 有害气体检测及气体净化装置。

生活舱控制台设有实时监测、显示生活舱内有害气体的仪器设备,可显示二氧化碳、一氧化碳、氨气、甲烷、硫化氢等有害气体的浓度。

生活舱内配备三台气体净化装置,分别布设在三个舱室内。有害气体浓度超过预设的浓度值时,可更换净化装置中的钠石灰及除臭剂,同时加快气体净化装置风机通风量以促进生活舱内气体循环。

(6) 温度和湿度监测控制系统。

温度和湿度监测控制系统由舱内的传感器、控制台数字显示仪表、调节温度湿度的指令控制器、舱内温度湿度调节器、冷水源和热水源制造设备等组成。

氦氧饱和居住环境中使人感到舒适的温度、湿度范围较空气中小,通常温度控制要求为 $28\sim30℃$,环境相对湿度为 $50\%\sim70\%$。

(7) 通信、视频监控系统。

因氦氧生活环境下人的语音发生较大变化,形成"氦语音",可辨别度显著下降。控制室内设有 2 套氦氧环境对讲电话系统。在生活舱内配置视频监视和记录系统,在控制台显示舱内人员情况,以便操控人员了解舱内情况。

(8) 供水系统。

供水系统由设在集装箱内的压力储水箱、调压装置、供水管路和供水开关组成,以满足生活舱内长期休息生活的需要。储水箱包括独立的冷水储水箱和热水储水箱,分别连接清洁自来水水源。

(9) 排污系统。

排污系统由坐便器、污水储存罐、控制阀和排污管组成,污物通过临时排污软管排入临时化粪池内。舱内人员使用坐便器后将污物排出舱外附属的耐压污物储存罐内,同时关闭坐便器连接污物储存罐间的阀门。排出污物储存罐中的污水需舱外人员进行操作,污物储存罐的内外阀件设有"联动装置",确保避免两个阀同时开放发生生活舱意外卸压事故。

舱内人员食物、饮水均经过居住区的递物筒送入。垃圾废物等经过渡舱递物筒送出。

（10）消防系统。

消防系统由舱内喷淋头、消防水管、舱内手动喷淋阀、舱外喷淋阀启动手柄、舱外高压消防储水罐、舱外高压氮气储气罐、高气压体管路组成。生活舱的餐室区及过渡舱内各设置高压环境专用清水灭火器1个。

（11）应急设备。

为了在生活舱内起火条件下舱内人员呼吸安全气体，生活舱配置了应急呼吸系统，由舱外应急储气罐、减压装置、12套BIBS接口、6套呼吸面罩组成。

2.2.2 穿梭舱

穿梭舱是提供一种可作为工作人员带压交通运输、能够供工作人员带压休息的设备。穿梭舱包括舱体、安装于所述舱体下方的支撑架、安装在所述支撑架上且可锁定的定位滚轮、安装在所述舱体外侧壁的操作控制台以及位于控制台上方的气瓶容纳腔，所述舱体内还设置有翻转座椅、通信工具、显示仪表，舱体外设置有为各装置供电的电源。

南京纬三路过江通道项目使用的穿梭舱容积 $5.1~m^3$、长度 $3.2~m$、直径 $1.5~m$。穿梭舱设置 9 L 物料舱，物料舱是穿梭舱与外界联系的通道，可为舱内作业人员提供生活及工作物资。穿梭舱由四个核心部分组成——穿梭舱主体、控制面板、环境控制系统、基础混合气及氧气应急储存罐。应急储存罐用于穿梭舱与混合气组断开时或出现意外情况的临时供气。穿梭舱内配备灭火系统，用于应急火灾处理。穿梭舱内部组件详细列表如表 2-1 所示；穿梭舱外部、内部照片如图 2-3、图 2-4 所示。

表 2-1 穿梭舱主要内部组件

编号	名称	编号	名称
1	灭火器	13	医疗舱
2	温度/湿度感应器	14	氧气制备器
3	LED 照明灯	15	食物舱加压器
4	深度计	16	深度计阀门
5	加压器	17	深度计阀门
6	跟踪器	18	气体供应
7	灭火器开关	19	气体排放
8	灭火器	20	气阀
9	窗口	21	温度交换器
10	应急电话	22	安全排气阀
11	高压发射器	23	进水阀
12	慢排气阀	24	出水阀

(续表)

编号	名 称	编号	名 称
25	CO_2 吸收器	29	单人可折叠担架
26	排气阀	30	地板特殊涂层
27	舱底排水开关	31	可折叠椅
28	穿梭舱门		

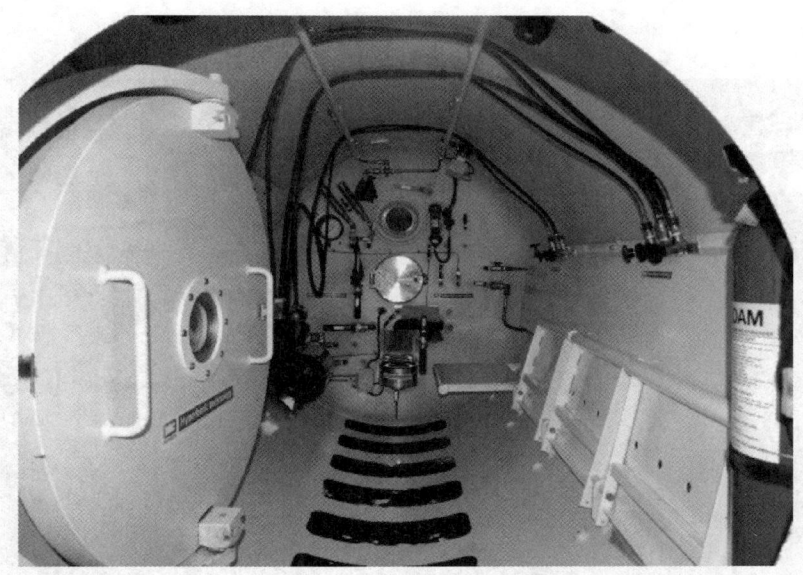

图 2-3 穿梭舱外部照片

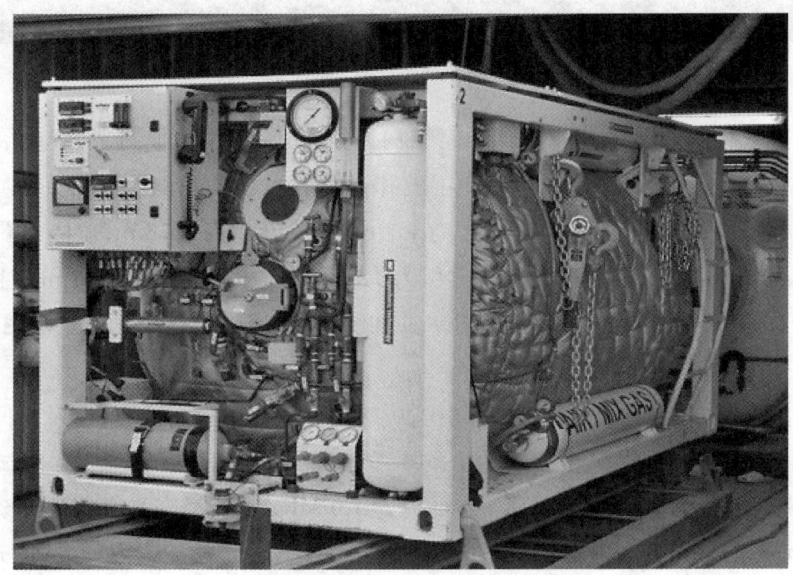

图 2-4 穿梭舱内部照片

2.2.3　盾构人闸

盾构人闸设备是盾构带压开舱作业的最基本设备。南京纬三路过江通道项目开发了可满足氦氧饱和开舱作业的人行闸，该人行闸配备了加减压系统、加热设施、照明系统、消防系统、通信系统、气体组分监测、压力记录、电气系统、呼吸气系统、CO_2吸收装置、控制台外部接口以及物料闸系统等，在各系统正常工作时不允许出现干扰和限制情况发生。人行闸部分包括上部人行闸和刀盘人行闸。设置有穿梭舱，可方便氦氧饱和开舱作业使用。图2-5所示为盾构人闸。

图2-5　盾构人闸

（1）上部人行闸。舱体为卧式双圆筒结构，两端封头采用平板封头，中间隔壁也采用平板封头，将舱体分成两个耐压舱室，即主舱和过渡舱。舱体的试验压力为1.65 MPa，最高工作压力为1.0 MPa，舱内净空高度约为1.7 m，总长度约为3.78 m，舱内定员为12人，其中主舱6人，过渡舱6人。过渡舱内容积为12.20 m^3，人均舱容为2.03 m^3，主舱内容积为12.20 m^3，人均舱容为2.03 m^3，主舱可单独加压使用，也可和过渡舱通舱使用；过渡舱仅为备用，不可单独使用。

（2）刀盘人行闸。舱体为卧式圆筒结构，后端封头采用平板封头，前端及中间封头采用标准椭圆封头，中间封头将舱体分成两个耐压舱室，即主舱和过渡舱。舱体的试验压力为1.65 MPa，设计压力为1.1 MPa，最高工作压力为1.0 MPa，舱内净空高度约为1.6 m，总长度约为4.56 m，舱内定员为3人，其中主舱2人，过渡舱1人。过渡舱内容积为2.0 m^3，人均舱容为1.0 m^3，主舱内容积为5.40 m^3，人均舱容为1.36 m^3，主舱可单独加压使用，也可和过渡舱通舱使用;过渡舱仅为备用,不可单独使用。

2.2.4 穿梭舱运输和快速对接设备

穿梭舱运输和对接是保证饱和带压进舱能够顺利进行的施工关键环节,在运输及对接过程中要保证穿梭舱运输的安全性和快速性。

1) 穿梭舱运输设备及配套设施

(1) 滑动对接平台,通过对接平台及穿梭舱的平行滑动,可将穿梭舱与生活舱对接,如图2-6所示。饱和开舱工作人员进入穿梭舱以后,通过对接平台将穿梭舱移除。

图2-6 穿梭舱与生活舱对接

(2) 饱和开舱工作人员进入穿梭舱以后,由40 T门吊起吊穿梭舱至运输平板车,如图2-7所示。穿梭舱通过四根钢链与门吊连接,保证穿梭舱起吊时的垂直度和水平度。

(3) 运输平板车采用DCY70K型动力平板运输车,载重量70 000 kg。用于穿梭舱及其附属设备的运输。穿梭舱放置在平板车方形垫木上,运输平板车焊接吊耳,通过手扳葫芦将穿梭舱与运输平板车吊耳交叉固定。穿梭舱安放位置下设置可横向平移桁架,当运输平板车行驶中途出现短时间内不可消除的故障时,启动更换运输车程序,即利用横移桁架将穿梭舱平移至备用平板车,以完成换车操作。图2-8所示为穿梭舱运输平板车。

(4) 运输过程中采用柴油发电机组供电,提供运输过程中穿梭舱环境控制系统的电力供应,如图2-9所示。

图 2-7 穿梭舱吊装到运输车

图 2-8 穿梭舱运输平板车

图 2-9　穿梭舱运输过程供电发电机组

（5）运输过程中通过混合气体组向穿梭舱内供应混合气体，供气组包括 5% 的氦氧混合气和医用氧气，如图 2-10 所示。

图 2-10　穿梭舱运输过程供气混合气体

（6）平板车运输车运输穿梭舱及其配套各设备的平面布局须紧凑合理，避免吊运过程中设备间的碰撞及相互影响，气体组、发电机、环境控制系统通过绑带与平板车绑扎牢固，如图 2-11 所示。

图 2-11 平板运输车及配套设备布置

2）穿梭舱与盾构工作舱快速对接的专用运输设备

（1）平板车运输穿梭舱及配套设备至盾构二号台车位置，由盾构口字件吊机吊运穿梭舱及环境控制系统至盾构运输轨道，如图 2-12 所示。口字件吊机经过研究改装，通过四个吊链连接口字件吊机与穿梭舱。运输轨道与穿梭舱框架底轮咬合接触，运输过程中严禁穿

图 2-12 穿梭舱吊至运输轨道

梭舱底轮出轨,如图2-13所示。

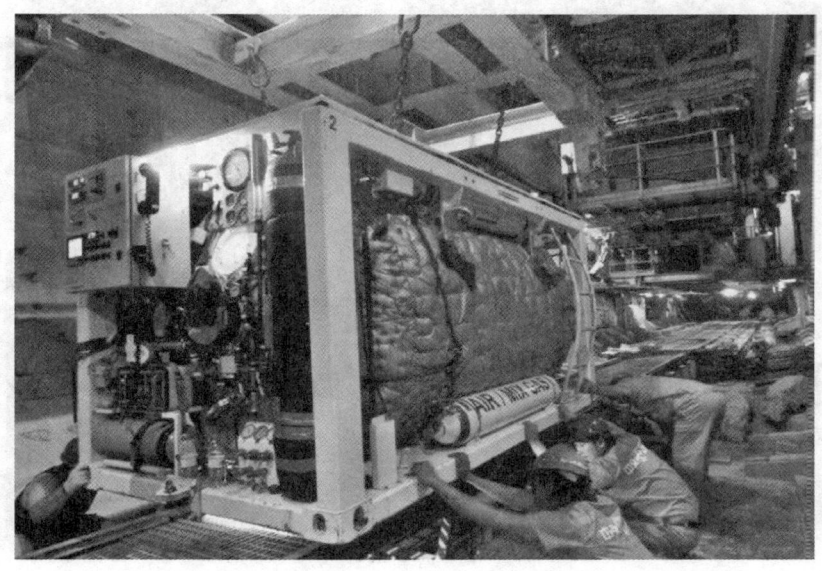

图2-13　穿梭舱滚轮与运输轨道咬合

（2）台车末端与盾尾出设动力及定位卷扬机,拉动穿梭舱及环境控制系统沿轨道运输至盾构盾尾位置。卷扬机定位,并设置导向管控制卷扬机钢绞线收放路线。卷扬机钢绞线通过一组滑轮控制横移小车横向移动。轨道安装以喂片机中线为准,根据测量组放线位置从喂片机前端向后安装。轨道安装完成后,悬空段轨道与两侧轨道焊接固定。两条轨道内间距为910 mm和两侧轨道高度差控制在5 mm内。图2-14为运输穿梭舱卷扬机；图2-15所

图2-14　运输穿梭舱卷扬机

图 2-15 运输穿梭舱轨道

示为运输穿梭舱轨道。

(3) 通过盾尾横移平台,将穿梭舱横移至盾尾左侧,如图 2-16 所示。

图 2-16 穿梭舱横移小车图

(4) 盾构管片拼装机改装架设悬臂,如图 2-17 所示。穿梭舱运至盾构盾尾位置后与拼装机悬臂连接,通过拼装机旋转吊至人闸位置对接平台。拼装机悬臂是对管片拼装机的局部改造,其特点是实用性强、拆卸简便。

图 2-17 拼装机悬臂

(5) 调整穿梭舱与人闸舱中心的同心度并移动对接,穿梭舱与人闸副舱对接后通过对接端锁定装置锁定,如图 2-18 所示。穿梭舱通过手扳葫芦固定在对接平台上,防止穿梭舱滑动,如图 2-19 所示。检查对接口密封情况合格后,人舱加压至与穿梭舱同等压力,开启穿梭舱门连通人闸副舱,作业人员进入人闸副舱,作业人员进行盾构开舱作业。

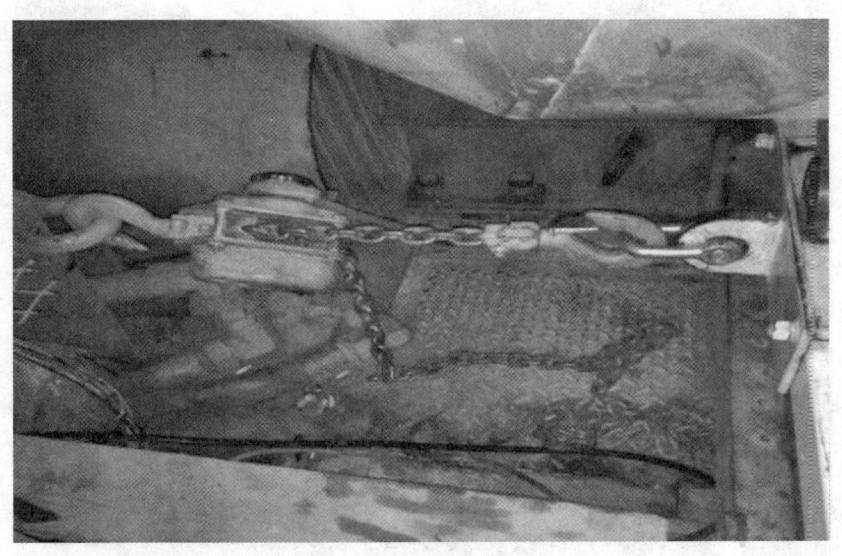

图 2-18 穿梭舱与盾构人舱对接

图 2-19 手板葫芦固定穿梭舱

2.2.5 其他配套附属设备

（1）盾构人舱升降压及呼吸气体控制面板及气压记录系统，此套系统是盾构气压条件下开舱的环境压力控制系统，如图 2-20 所示。

图 2-20 人舱压力控制面板

(2) 饱和开舱作业开舱人员呼吸气体组,包括氦氧饱和气体组及医用氧气组,如图2-21所示。

图2-21 氦氧混合气体组

饱和带压开舱技术配备一整套专业饱和带压开舱设备,包括生活舱、穿梭舱及穿梭舱运输对接设备,是饱和带压开舱施工的必要前提和基础。穿梭舱运输对接设备是连接生活舱和盾构的中枢纽带,是极其重要的中间环节,是保证气压条件下饱和法开舱作业安全稳定性和快速性的重要施工步骤。穿梭舱运输及对接设备包括穿梭舱运输设备及配套设施及穿梭舱与盾构机工作舱快速对接的专用运输设备。穿梭舱运输设备及配套设施保证穿梭舱与生活舱对接后,通过运输平板车运输至盾构,其间要保证穿梭舱的气体供应和能源供应,保证穿梭舱运输的安全稳定;盾构穿梭舱快速对接的专用运输设备是穿梭舱运至盾构机后,从盾构机盾尾运至盾构人舱的一系列在盾构机上完成的运输吊装过程,借助盾构机原有设备进行改造,研发出的一套快速运输对接设备,其安全性和快速性在南京纬三路过江通道工程施工过程中得到了很好的验证,对在建及今后的盾构隧道施工有十分广阔的推广运用空间。

2.3 人员配置及职责

饱和法开舱作业人施工风险较大,应在作业前成立盾构饱和法开舱作业专门机构。组织机构人员必须是直接从事与饱和潜水作业相关工作的专业人员或接受过相当程度的饱和潜水专业知识培训的管理人员。南京纬三路过江通道项目根据每次两舱人员同时作业的要求,共配置作业人员45人,其中专业饱和法开舱作业人员27名,辅助作业人员18名。

2.3.1 饱和法开舱作业主要人员配置及职责

(1) 饱和法开舱作业现场总负责人1名。

现场总负责人全面负责饱和开舱作业的实施,是作业现场组织者和第一责任人,在组织范围内具有决定权和责任。

(2) 饱和法开舱作业值班经理2名。

值班经理是饱和法开舱作业准备、穿梭舱运输、开舱作业期间的现场指挥者和组织者,每台穿梭舱配置1名,共2名。

工作职责:在作业现场负责人领导下确定开舱作业计划,布置本班次作业任务,监督开舱作业准备工作;负责指挥穿梭舱和生活舱对接、穿梭舱吊装,监督指挥穿梭舱在车辆运输、盾构机上转运、人闸对接作业;全程负责开舱作业期间的人闸操控管理、饱和人员在作业舱的安全监管、作业进度管理,有权根据现场具体情况作出提前或延长开舱作业时间的决定;负责穿梭舱返回地面及舱内人员返回生活舱;书写开舱作业报告;向现场负责人报告班次作业进展情况。

(3) 饱和法开舱作业值班主管1名。

值班主管作为开舱作业值班经理的助手,配合完成相应工作,每穿梭舱配置2名,共4名。

工作职责:在开舱值班经理的领导下工作;负责开舱作业期间的安全检查、风险辨识;指挥开舱作业辅助人员的工作;负责开舱作业期间的穿梭舱、人闸的操作和控制;承担与舱内人员及盾构控制人员的通信联系。

(4) 舱内饱和法作业人员6名。

饱和法开舱作业现场设置2套生活舱和穿梭舱系统,每舱饱和法作业小组由3名作业人员组成,共设2组。每组设组长1名,潜水员2名。2组人员轮班工作,通常每日开舱作业1次。

组长职责:生活舱内生活及作业期间的舱内行动负责人;执行项目现场负责人的工作计划,生活舱内服从生命支持人员的生活安排和管理,作业期间执行作业监督的指令,协助穿梭舱看护进行开舱作业的组织和安全管理控制工作;负责向舱外人员汇报舱内生活情况及开舱作业进展情况;应严格执行既定作业计划,监督组内成员遵守安全规定、控制、规避各种风险。

作业人员职责:在组长领导下实施开舱作业工作,遵守各项安全作业规程;在开舱作业期间可视具体工作任务及个人技术能力特点,进行具体分工,有条件时可轮次担任。

作业者:检修作业的主要实施者。

作业助手：辅助作业者的工作，发挥直接助手的作用。

作业舱内救护：作业舱内消防及安全监护，特殊情况下立即执行舱内消防及救援任务；次要任务是发挥次要助手作用，如递送工具，帮助吊运物件。保管和负责舱内对讲机及其内外通信。

（5）生活舱生命支持人员 8 名。

生命支持人员是生活舱的操作控制和管理者，是生活舱内作业人员的生命安全、日常生活管理的直接责任人。每个生活舱生命支持人员设置 2 组，每组 2 人，每组工作 12 h/d，共计 8 人。

工作职责：按饱和居住压力及环境参数，控制生活舱居住的压力、舱内呼吸气体成分及质量的稳定，并记录生活舱工作日志。

（6）饱和法开舱作业设备维修保养工 1 名。

作业现场必须配置生活舱和穿梭舱系统专业维修保养工 1 名。维修保养人员应持有载人压力容器维护管理特种资格证书。

工作职责：从事生活舱系统和穿梭舱设备系统的气体供给、电器、机械、通信装备器材的专业维修保养，保证设备系统的各项性能指标在安全许可范围内。

（7）潜水医师 1 名。

由饱和潜水作业医学保障经验的持证潜水医师担任，潜水医师应同时具备较好的现场医疗急救技能，必要时可进入人闸、工作舱、穿梭舱或生活舱内进行医疗急救。

工作职责：负责饱和法开舱作业现场的医疗保障、现场急救处置及医疗后送。潜水医生得到紧急医疗需要通知后，应在 20 min 内到达盾构人闸现场并展开救治。

2.3.2　饱和法开舱作业辅助工作人员配置及职责

（1）安全监督员 1 名。

负责开舱作业期间安全监督管理工作。

（2）穿梭舱吊装司机 1 名。

负责穿梭舱作业出发时将穿梭舱吊装到运输车；作业结束穿梭舱返回地面后将其调离运输平车并复位到穿梭舱基座，便于穿梭舱与生活舱对接。

（3）穿梭舱运输车司机 1 名。

负责将穿梭舱运输车在生活舱与盾构机之间的运输。

（4）牵引卷扬机司机 1 名。

负责控制卷扬机牵引穿梭舱沿盾构机特设专用轨道上安全移行至盾构管片机吊臂位置。

（5）随车电工 1 名。

负责穿梭舱运输车载柴油发电机的管理，保证穿梭舱车辆运输期间的电力保障和管理；

传输舱在盾构机输送及与人闸对接期间的电源切换及管理。

(6) 穿梭舱吊运辅助工 12 名。

负责穿梭舱吊装、运输、对接等环节的辅助配合工作。

2.4 工作面支护压力确定

合理的开舱压力是保证开挖面稳定的保障和基础,支护压力不足易导致工作面失稳;支护压力过高则会使高压泥水击穿地层引起泥水喷发形成沟通隧道与江水的水力通道,使泥水舱难以维持稳定压力乃至失压,甚至引发江水回灌、淹没隧道等灾难性后果。南京纬三路过江通道开舱工作面支护压力确定以经验系数法为主,模型分析计算为参考,开舱试验为依据,合理确定开舱工作面支护压力。

2.4.1 经验系数法

水下盾构隧道地质条件复杂,非常精确确定开舱工作面支护压力较难。目前国内采用较多的经验公式为:

$$P = P_1 + P_2 + P_3$$

式中　P——切口水压设定值(kPa);

　　　P_1——水压力(kPa);

　　　P_2——土压力(kPa);

　　　P_3——变动土压力(kPa),一般取 30 kPa。

土压力可以采用主动、静止、被动土压力,实际采用那一种土压力计算视地基条件及盾构条件决定,有很大随意性。通常情况下,当地层自立性较好时,建议采用主动土压力;反之,采用静止土压力。对于黏性土地层,通常是把地下水压力计在土压力中,即按照水土压力合算的总应力法进行计算;对于透水性强的砂类土,需要按照有效应力法计算主动土压力,并与静水压力之和即为需要设定的泥浆舱泥浆压力。

2.4.2 整体稳定分析模型计算

整体稳定分析开挖面土层材料自身的性质,对开挖面稳定体系进行稳定可以考虑开挖面绝大部分或整体失稳情况,主要有两种分析方法:一类是利用开挖面前方滑动体的力的平衡进行稳定分析;另一类是利用塑性极限分析的概念并不考虑分析。

在整体稳定分析中,较为直观简单的楔形体理论模型,其主要是通过力的平衡来求解最小支护压力。模型有采用二维计算的对数螺旋线滑移面计算方法、二维直线滑移面计算和三维筒舱计算理论。主要思路是首先假设开挖面前方土体滑移形状,利用滑移块的受力平衡条件求解支护土压力。通过不断变换滑移面的位置,求出相应的支护土压力,在所有支护土压力最大时的滑移面即为开挖滑移面,此时的土压力即为开挖面最小支护土压力。三维筒舱模型能够反应开挖面前方土体失稳变形的三维问题,在极限压力研究中得到较为广泛的应用。

塑性极限分析的上边界(上限)定理为,在机动许可的应力场中,外荷载对刚塑性体所做的功等于其沿滑动面运动时内部的耗散能;下边界(下限)定理为,在静力许可的应力场中,在外荷载作用下,物体不破坏或恰好处于破坏点。计算中,通过假定开挖面前方滑动块的形状,利用上、下边界定理分析开挖面最大及最小支护压力。

2.4.3 开舱试验确定

理论计算的开舱工作面支护压力在实际开舱作业中应动态调整。随着开舱作业次数的增加,工作面泥膜泥皮逐渐加厚,开舱工作面支护压力可减少 20～30 kPa,以减小作业人员工作压力。

2.5 泥浆及闭气泥膜形成

2.5.1 泥膜闭气性测试实验装置与方法

1) 实验装置

图 2-22 为自制可实现限压排水的泥浆成膜及气密性测试装置。该装置的主体实验柱是一个有机玻璃柱,高 100 cm,内径 8.4 cm,在实验柱内设定一定大小气压作用在泥浆上来模拟泥浆压力。有机玻璃柱顶部用法兰盘密封,使得该装置最大可承受 1.2 MPa 的压力;法兰盘下方有压缩空气入口,实验中所需的气压由空压机提供,并可以通过调压装置调节,压力控制精度为 0.01 MPa;底部设有排水口,连接限压排水装置,在接限压排水装置中充入一定量的水,并施加一定的气压来模拟地层水压。采用精度为 0.01 g 的电子秤测试实验过程中泥浆的滤失量,数据采集装置自动采集并记录渗透流量随时间的变化。

2) 实验方法

实验时,首先将地层分层装入实验柱并饱和,用常水头实验测量地层的渗透系数;将泥浆装入实验柱,然后根据实验目标或者工程实际情况设定实验柱和接限压排水装置内的气压值;最后,打开排水阀门,泥浆在差压的作用下开始向地层中渗透,可根据实验的需要设定不同的渗透时间,同时记录泥浆滤失量随时间的变化,并观测泥膜厚度。

渗透成膜实验结束后,关闭排水阀,将实验柱水平放置,使泥膜的上半部分直接暴露在压缩空气的作用下,如图 2-23 所示。然后,分别设定实验柱和限压排水装置中的气压值,

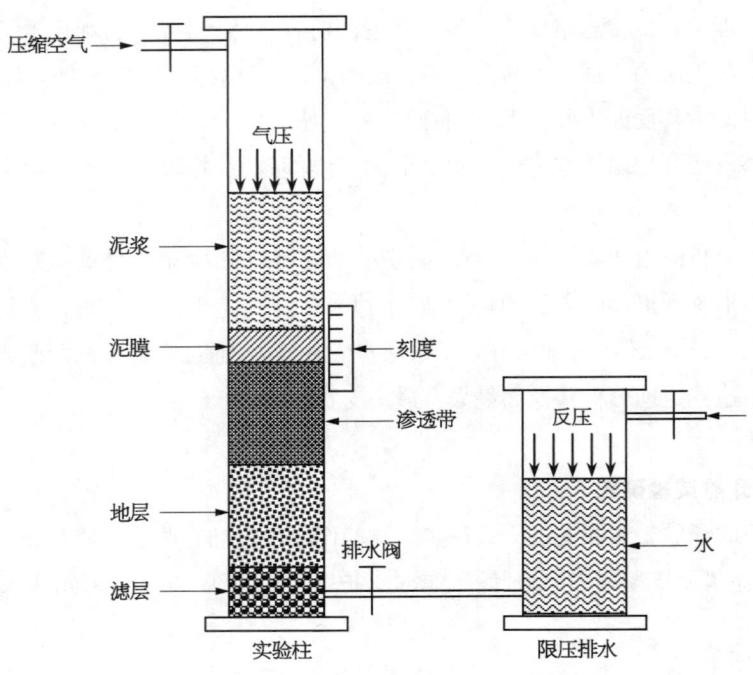

图 2-22 可限压排水的泥浆成膜及泥膜气密性测试装置简图

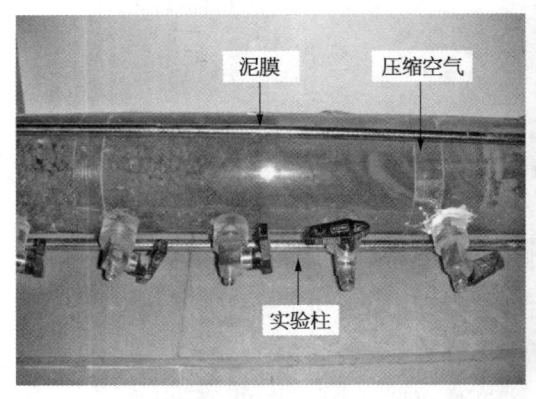
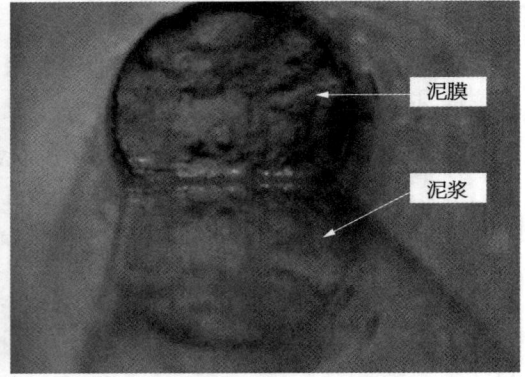

图 2-23 气压作用下的泥膜

再次打开排水阀,进行泥膜气密性实验。实验过程中,记录限压排水装置中水的增加量随时间的变化,同时观测泥膜厚度的变化。当限压排水装置中的水位突然上升且伴随大量气泡冒出时,认为泥膜被气压击穿,实验终止;若一直没有出现上述情况,则将实验进行到一定的时间后终止。

3) 实验步骤

(1) 实验泥浆配制及性质测定。

实验泥浆为膨润土、黏土和水混合均匀后,静置 24 h,待膨润土充分膨化后,分别采用泥浆密度秤、马氏漏斗黏度计、1 000 mL 量筒及激光粒度仪测试实验用泥浆的密度、漏斗黏度、24 h 泌水量和颗粒级配等。所用装置如图 2-24～图 2-26 所示。

图 2-24　1002 型密度称

图 2-25　马氏漏斗黏度仪

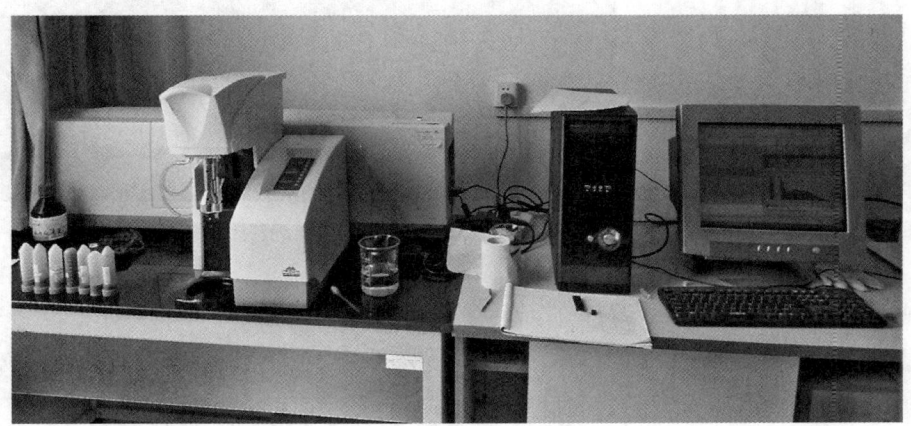

图 2-26　激光粒度分析仪

(2) 装入地层。

如图 2-27 所示，为了防止实验中装置内的砂土流失：首先装入 2~5 mm 的粗砂作为滤层，并击实；再根据实验需要，选择相应级配的砂土作为地层，分层击实，并将表面刮平；然后，打开排水阀，由下至上反向饱和地层。饱和过程中，应注意注水速度，防止地层隆起或砂沸。

(3) 泥浆成膜实验。

沿导流棒向装置中缓慢注入泥浆，注意避免扰动地层。然后装好密封圈，盖上法兰，拧紧螺栓。开启空压机气阀，根据实验需要设定的泥浆压力，调节调压装置，打开进气阀，向装置内泥浆施加气压。打开排水阀开始计时，泥浆在气压的作用下往地层中渗透。经过一定时间后，关闭进气阀与排水阀，打开排泥浆阀，排出泥浆。排出泥浆的过程中，避免扰动泥膜。排出泥浆之后，关闭排泥浆阀。图 2-28 所示为泥浆渗透成膜的照片。

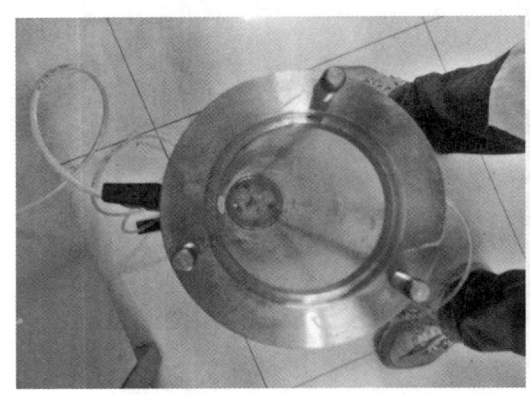

图 2-27 装入地层

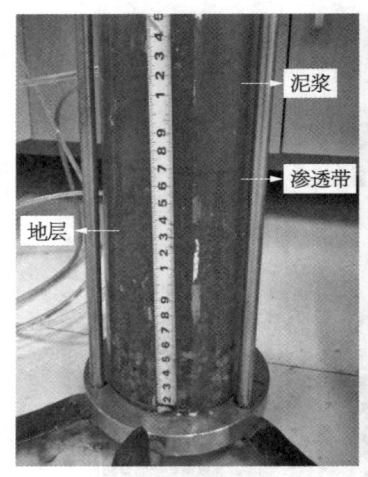

图 2-28 泥浆渗透成膜

图 2-29 泥膜闭气实验

(4) 泥膜闭气实验。

根据实验方案的气压和时间条件，调节调压装置，打开进气阀，向泥膜施加气压，如图 2-29 所示。开启数据采集装置，同时打开排水阀，记录地层中渗透流量随时间的变化，观测记录泥膜厚度变化；实验结束后，取出泥膜测得其含水率。

2.5.2 不同性质泥膜的形成及闭气实验

目前已有的研究表明,不同性质的泥浆在同一种地层中,或者同一种泥浆在不同的地层中渗透时,大致可以形成三种类型的泥膜:泥皮型泥膜、泥皮＋渗透带型泥膜、渗透带型泥膜。对于同一类型的泥膜,即使其形成的条件(渗透时间、泥浆压力等)相同,所形成泥膜的性质,如泥膜的厚度、孔隙比等差异也还是较大,进而其在气压作用下会表现出不同的闭气性能。该研究的目的主要是探索不同性质的泥膜在压气条件下的闭气性能,明确泥膜的闭气规律。

1) 实验材料

研究的泥浆为浙江安吉绿盛钠级膨润土和江宁普通黏土的混合泥浆,泥浆配比为膨润土：黏土：水＝1：3：10。泥浆的基本性质见表2-2,实验用泥浆、膨润土、黏土的颗粒分布曲线如图2-30所示。

表2-2 泥浆配比及基本性质

材 料	质量比	密度 (g/cm³)	漏斗黏度 (s)	24 h 泌水量 (%)	含水率 (%)
膨润土：黏土：水	1：3：10	1.20	65	0	269

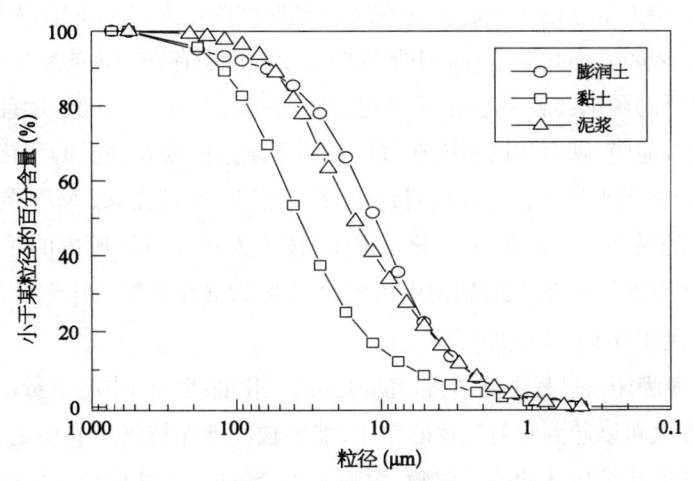

图2-30 实验用泥浆、膨润土及黏土颗粒级配曲线

研究的土层材料主要包括滤层和地层两部分。滤层主要采用 2～5 mm 粒径的粗砂,渗透系数为 5.2 cm/s,密度为 1.65 g/cm³ 左右。研究的地层材料为从南京纬三路过江通道工程中取到的粉细砂地层、中粗砂地层等地层,采用标准土壤筛获得的三种单一粒径的砂土,粒径范围及渗透系数见表2-3。实验时,通过制样控制,使每种地层的干密度均为 1.65 g/cm³,然后采用常水头渗透实验方法测试地层的渗透系数 k。

表2-3 实验地层的基本物理性质

地层编号	S1	S2	S3
粒径范围(mm)	0.1~0.25	0.25~0.5	0.5~1.0
k(cm/s)	9.2×10^{-3}	6.5×10^{-2}	2.8×10^{-1}

2) 泥浆成膜及闭气实验

由于南京纬三路过江通道盾构开舱段的覆土深度为10~20 m,取盾构刀盘中间位置为土压的计算点,地层土压力略小于0.2 MPa。实验为单元实验,为了探索泥膜的闭气规律,实验中未设置限压排水,仅研究差压作用下泥膜的形成与闭气规律,故设定实验柱内泥浆压力为0.2 MPa。以一种泥浆在三种地层(S1、S2、S3)中分别进行4 h、8 h、12 h的泥浆渗滤成膜实验,实验结束后测试每组实验中形成的泥膜(分别称为4 h泥膜、8 h泥膜、12 h泥膜)的基本性质:厚度、孔隙比。以泥浆渗滤时间为横坐标,实验柱单位面积上的泥浆滤失量(或滤水量)为纵坐标,得到泥膜形成过程中的滤水量与时间的关系,如图2-31所示。

由图2-31可以看出,泥浆在三组地层中渗透时,泥浆的滤失量初始阶段增加比较明显,随后逐渐趋于稳定,这表明泥浆在三种地层中均形成了稳定的泥膜。泥浆在同种地层相同的渗透时间内,滤失量存在一定误差;随着渗透时间的增大,泥浆的滤失量也逐渐增大,这是显而易见的,表明了不同渗透时间下形成的泥膜的性质存在一定的差异。

由于泥膜性质的测试会破坏泥膜,无法进行后面的泥膜闭气性实验,因此需要进行一批平行实验重新形成泥膜,以便测试泥膜在气压作用下渗透曲线及性质的变化。泥浆成膜实验结束后,将实验柱水平放置,使气压直接作用在泥膜上,测试在0.2 MPa的气压作用下泥膜滤水量与时间的关系。实际带压开舱工程中,技术人员在气压舱内的工作时间一般为4~8 h,考虑偶然因素与安全系数的作用,本实验选取12 h作为泥膜压气时间实验的上限,认为闭气时间达到12 h时,实验即可停止。

图2-32是泥膜闭气过程中渗透流量随时间的变化曲线。图中滤水量稳定增加并逐渐趋于稳定,表明泥膜可以起到密封气体的作用,能够较好地保持气压的稳定;当泥膜的滤水量突然增大时,表明压缩气体冲破了泥膜,泥膜变为透气的,无法保持气压的稳定。以上现象表明,泥膜在气压作用下,具有一定的抵抗气体透过的能力,在某一气压下,泥膜能在一段时间内保持闭气,随着压气时间的增长,会出现气体击穿泥膜的现象,泥膜即失去了闭气能力。定义泥膜在某气压下保持闭气的时间为泥膜的闭气时间。

按照该定义,在0.2 MPa气压下,S1地层(0.1~0.25 mm)中形成的4 h泥膜(S1-4 h)的闭气时间约为270 min,8 h泥膜(S1-8 h)和12 h泥膜的(S1-12 h)闭气时间大于12 h,泥膜成功闭气;S2地层(0.25~0.5 mm)中形成的4 h泥膜(S2-4 h),无法闭气,气体立即击穿泥

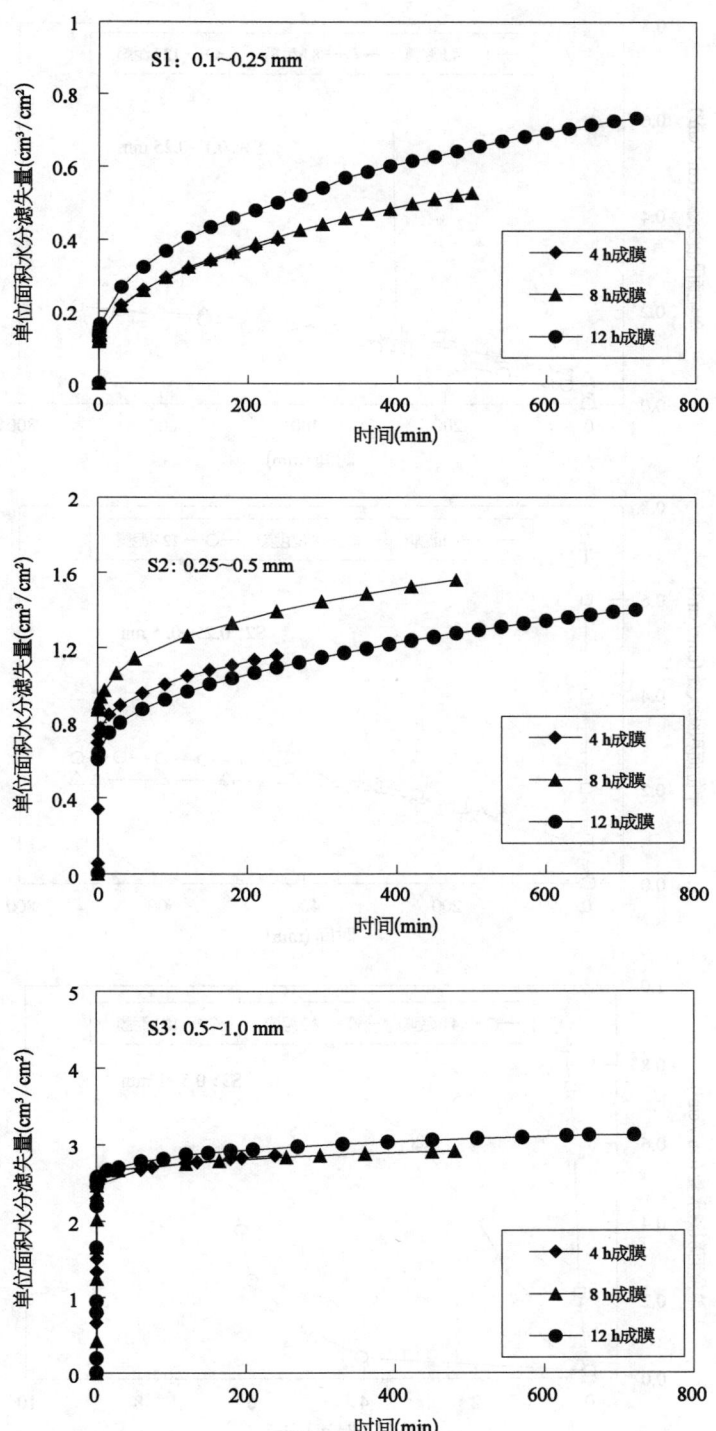

图 2-31　不同地层中形成泥膜过程中泥浆滤失量随时间的变化

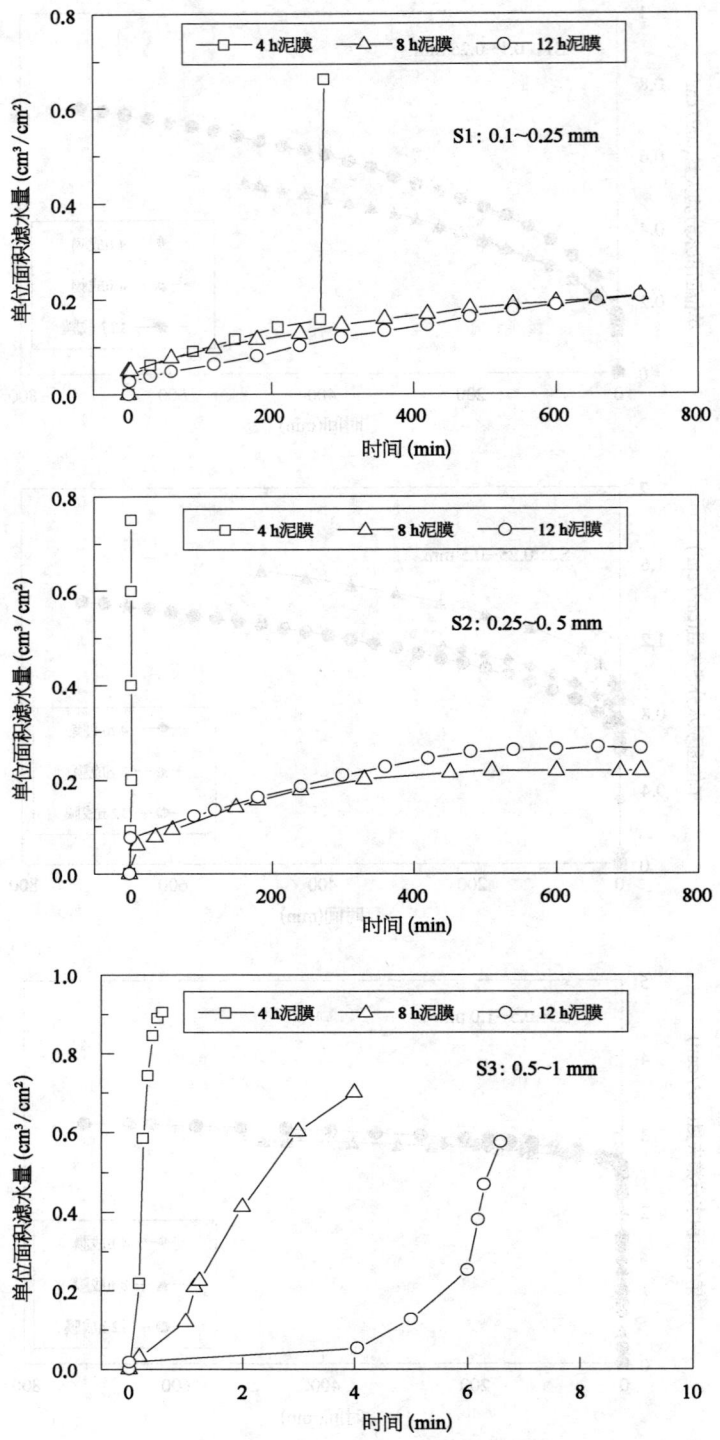

图2-32 不同地层压气过程中滤水量

膜而漏气,8 h 泥膜(S2-8 h)和 12 h 泥膜(S2-12 h)的闭气时间亦大于 12 h;S3 地层(0.5～1 mm)中形成的 4 h 泥膜(S3-4 h)和 8 h 泥膜(S3-8 h)无法闭气,而 12 h 泥膜(S3-12 h)的闭气时间仅 4 min 左右。比较不同地层间形成的泥膜,地层渗透系数越小,在该地层中形成泥膜的闭气效果越好;在相同地层中形成的泥膜,泥膜的闭气时间随泥膜形成时间的增长而增大。

以上实验表明,在相同的气压作用下,泥膜的闭气时间随着泥膜形成的条件的改变而不同,而本质上则是泥膜的致密程度决定了泥膜闭气时间的长短。此外,泥膜闭气时间的长短,还与作用在泥膜上的气压值大小直接相关,显而易见,随着作用在泥膜上的气压值得增大,泥膜的闭气时间会逐渐减小的。

为了研究不同气压作用下,泥膜的闭气性能的好坏,除了泥膜的闭气时间,我们还引进一个泥膜极限气压值的概念。该值仅用于在实验室内表征泥膜闭气能力的好坏,其测试方法为:泥膜形成后,将装置中的剩余泥浆通过排泥浆阀排出,对已形成的泥膜进行加压实验,从 0.02 MPa 气压开始,逐级加压,每级压力为 0.02 MPa,测试泥浆滤失量与时间的关系,当泥浆滤失量逐渐趋于稳定时,施加下一级压力,直至泥膜被气压冲破、泥浆滤失量出现急剧上升时,停止实验。该级压力即为泥膜极限气压值。同一地层中,泥膜极限气压值随泥膜形成时间的增长而逐渐增大;不同地层中形成的泥膜极限气压值差异显著,地层的渗透系数越大,所形成的泥膜的极限气压值越小。泥膜的极限气压值的变化规律与泥膜闭气值的变化规律基本上类似,而且泥膜的极限气压值越大,对应的泥膜的闭气时间也越大。因此,可以用泥膜在某一级压力下的闭气时间和泥膜的极限气压值来评价泥膜闭气能力的好坏。

3) 闭气过程中泥膜性质的变化

在以上实验中,测试所有泥浆形成的泥膜的厚度和含水率,然后测试压气实验结束后泥膜的厚度和含水率,分析泥膜性质对泥膜闭气性能的影响,并对比泥膜压气前后的体积变化量与泥膜滤水量,分析压气前后泥膜性质变化规律。

(1) 闭气前后泥膜厚度的变化。

在泥浆渗滤成膜实验结束后,将装置平放,通过排泥浆阀排出装置中的泥浆,在装置四周均布选取三个点,用毫米刻度尺分别测得泥膜的厚度,取平均值作为泥膜的闭气前厚度;泥膜闭气实验完成后,测量对应位置的泥膜厚度,作为泥膜的闭气后厚度。这里,对于成功闭气泥膜(S1-8 h、S1-12 h、S2-8 h、S2-12 h),闭气后厚度为闭气实验 12 h 后的厚度,而未能成功闭气的泥膜闭气后的厚度则为气体冲破泥膜、实验停止时的厚度。图 2-33 为压气实验前后泥膜厚度的变化。

由图 2-33 可以看出,在同一地层中形成的泥膜,泥膜的形成时间越长,形成的泥膜越厚;而对于不同地层中形成的泥膜,地层的渗透系数越大,相同条件下形成的泥膜越厚。

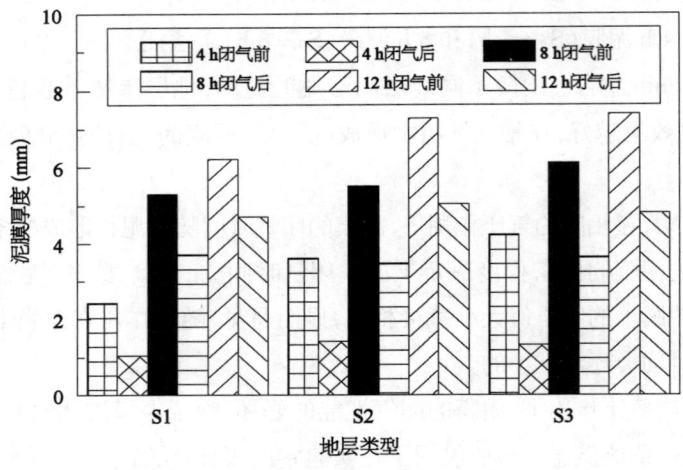

图 2-33　泥膜厚度变化

图 2-34 为泥膜极限闭气值随泥膜厚度的变化，同一地层中的泥膜，其闭气值随泥膜厚度的增加缓慢增大，不同地层间泥膜闭气值与泥膜厚度没有直接关系。本质上，影响泥膜极限气压值大小的关键指标应该是泥膜的孔隙结构、泥膜的孔径大小及分布，由于以上实验均是在相同的压气条件下进行的，相同地层中形成的泥膜的孔隙结构也类似，因此可以得到泥膜极限气压值与泥膜厚度之间存在较好的正相关关系。

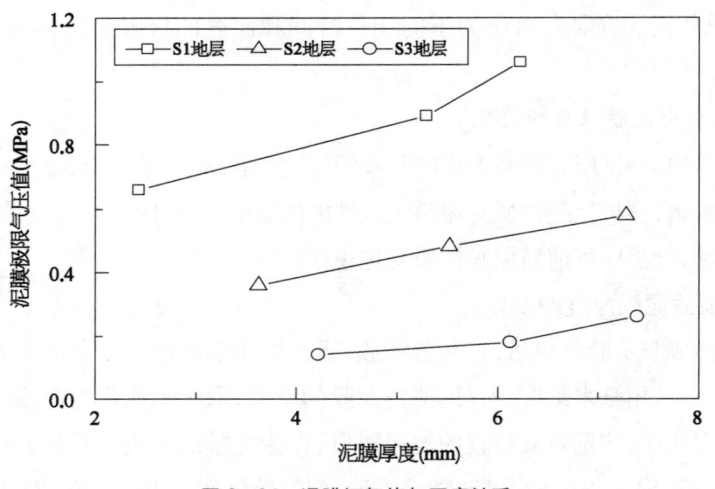

图 2-34　泥膜闭气值与厚度关系

(2) 闭气前后泥膜孔隙比的变化。

分别取出闭气前后的泥膜，测试它们的含水率，实验结果如表 2-4 所示。进而利用式 (2-1) 计算出泥膜闭气前后的孔隙比的变化，如图 2-35 所示。

表 2-4　泥膜的含水率变化　　　　　　　　　　　　　　　　　　　　（%）

实验组	泥膜形成时间					
	4 h		8 h		12 h	
	闭气前	闭气后	闭气前	闭气后	闭气前	闭气后
S1-SL1	57.0	37.4	57.8	40.0	58.9	43.3
S2-SL1	75.6	47.4	77.0	48.9	75.2	49.6
S3-SL1	101.9	53.3	99.3	55.9	97.4	58.9

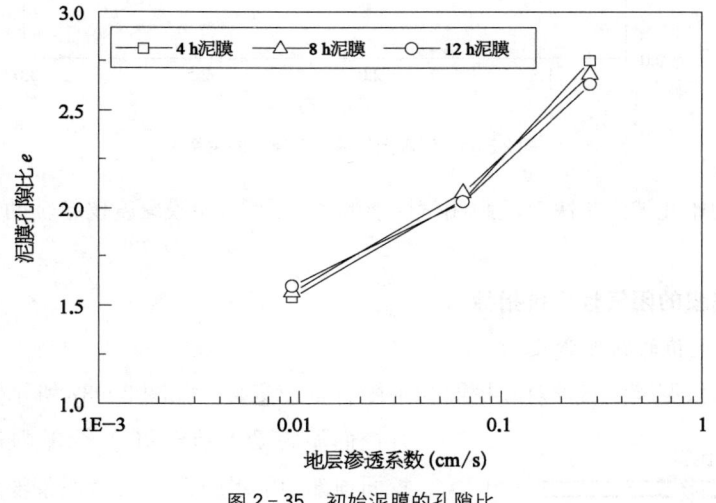

图 2-35　初始泥膜的孔隙比

$$e = w \times G_s \tag{2-1}$$

式中,泥膜的颗粒比重 G_s 取 2.70。可以看出同一地层形成的泥膜,孔隙比基本不变;对于不同地层,泥膜的孔隙比随地层渗透系数增大而显著增大。

由图 2-35 可以看出,相同的泥浆在相同的压力和地层中形成的泥膜,不管渗滤时间的长短,所形成的泥膜的孔隙比基本上相同,渗滤时间的长短仅影响了形成的泥膜的厚度;结合图 2-34 可知,相同孔隙比的泥膜,不同的厚度代表气体或孔隙中水的渗径的长短,泥膜越厚,气体或水的渗径越长,气体或水在渗透时收到的阻力自然越大,对应的泥膜闭气时间和所能承受的极限气压值也越大。

对于不同渗透性的地层,地层的渗透性越大,形成的泥膜的孔隙比越大,形成的泥膜越疏松。这也是为什么在渗透性较大的地层中形成的泥膜虽然比较厚,但是其泥膜闭气时间和极限气压值却小于渗透性较小的地层中形成的泥膜的闭气时间和极限气压值的原因。泥膜孔隙比对泥膜极限气压值的关系图如图 2-36 所示。单纯说泥膜厚度越大,泥膜的闭气时间和所能承受的极限气压值也越大,是不合理的,应充分考虑泥膜孔隙大小和分布的影响。由此

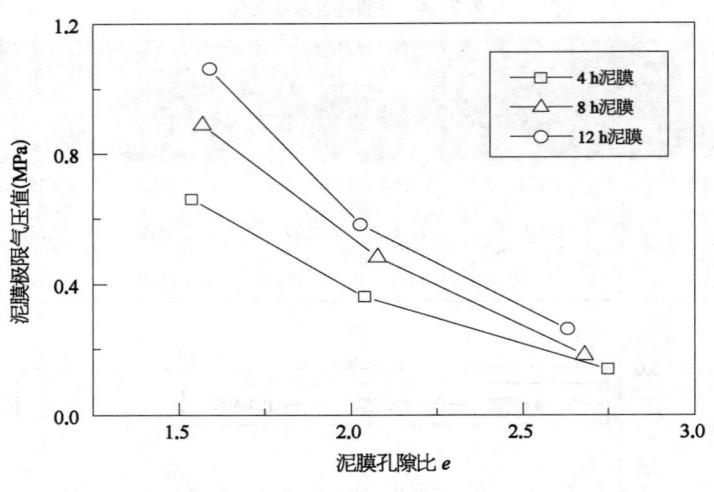

图 2-36 泥膜闭气值与孔隙比的关系

可见，泥膜的初始孔隙比是决定泥膜闭气性能的关键因素，泥膜厚度仅起辅助性作用。

2.5.3 泥膜的闭气性评价指标

1) 泥膜闭气值的物理意义

带压开舱时，泥膜闭气性对开挖面的平衡有重要意义。如图 2-37 所示为带压开舱时

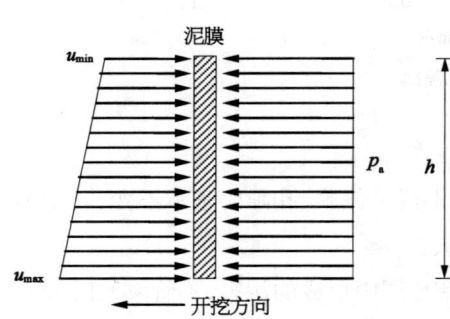

图 2-37 带压开舱时开挖面泥膜受力示意图

开挖面泥膜受力示意图，p_a 为舱内气压，u_{min} 为开挖面顶部地下水压力，u_{max} 为泥浆液位平面处的地下水压力，该值得大小取决于开舱时泥浆液位下降的高度 h，理论上达到开挖面的平衡时，p_a 应等于 u_{max}，因此，p_a 与 u 之间存在一个差压 Δp，如式 (2-2) 所示，开挖面顶部的差压最大，因此理论上是最易被气压击穿的危险点，Δp_{max} 取决于 h，在南京纬三路过江通道工程中，h 值可达到 10 m，Δp_{max} 可达到 0.1 MPa。

$$\Delta p_{max} = p_a - u = u_{max} - u_{min} = \gamma_w h \qquad (2-2)$$

通常认为在渗透性较高 ($k > 10^{-3}$ m/s) 的地层中开挖面土层不具备闭气的作用，直接采用压气工法将导致压缩空气进入地层孔隙，产生较大的漏气量，导致 p_a 下降，此时极易造成开挖面失稳，当有泥膜存在时，由于泥膜可以抵抗水气的透过，气压通过泥膜转化为泥膜骨架的有效应力和孔隙水应力，来平衡开挖面上的土水压力，保障开挖面的平衡。由于差压 Δp 的存在，泥膜必然会产生抵抗力以达到平衡，这个抵抗力在宏观上以泥膜闭气的形式体

现出来。由以上分析可知,要保证开挖面的平衡,泥膜必须在 Δp_{max} 作用下不透气,定义泥膜所能承受的最大气压值为泥膜闭气值,要确保一定的安全系数,泥膜闭气值应大于 Δp_{max}。

图 2-38 为泥膜闭气值试验时,泥膜滤水量与所施加气压的关系图,当气压较小时,泥膜滤水量小于 1×10^{-3} m^3/m^2,气体无法大量穿透泥膜,泥膜处于闭气状态,当气压增大到阈值时,滤水量骤然增加,在 20 s 内达到 20×10^{-3} m^3/m^2,图线出现显著拐点,土层中的水迅速被气压压出,可认为此时泥膜所受气压超过泥膜闭气值,泥膜透气,图线拐点对应的气压为泥膜所能承受的最大气压,称为泥膜的闭气值。图 2-39 为透气后的泥膜的形态,泥膜表面分布着若干直径为 1~2 mm 的贯穿小孔,透气的实质是气压击穿泥膜形成气流的优势通道,导致泥膜和地层系统的透气性系数突然增大,压缩空气从小孔进入地层将地层中的水压出。

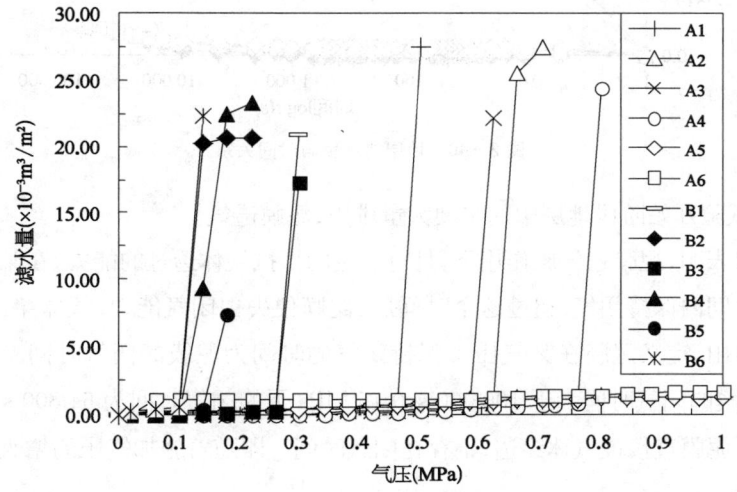

图 2-38 泥膜滤水量与气压的关系

2) 泥膜闭气时间的定义

图 2-40 为五个相同泥膜在不同的气压下,地层滤出水量随时间的变化曲线。气压为 0.1 MPa 时,100 000 s 后地层中的滤水量很小,没有出现气体泄漏的现象;当气压为 0.15 MPa 时,滤水量在 64 800 s 时大量增加,随后压缩气体从排水口排出,认为此时泥膜出现透气,地层中的水被压缩气体排出后,滤水量保持恒定值 2.75×10^{-2} m^3/m^2;气压为 0.2 MPa 时的现象与 0.15 MPa 时类似,泥膜出现透气的时间为 14 400 s;当泥膜所受气压为 0.25 MPa 和

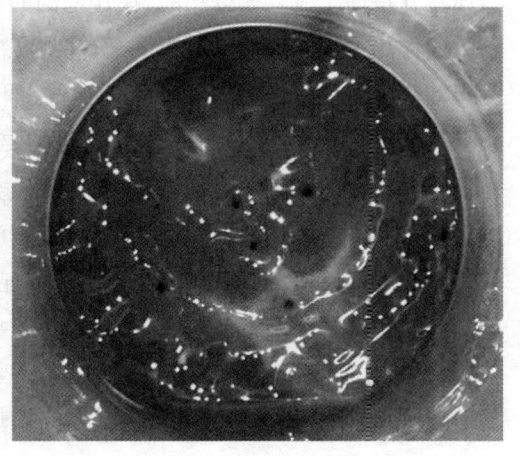

图 2-39 透气后的泥膜

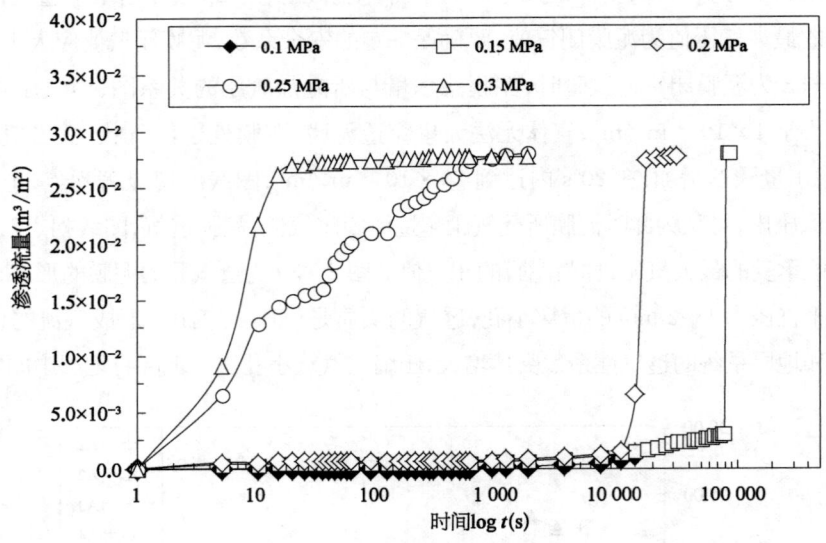

图 2-40 地层滤水量与时间关系

0.3 MPa 时,试验开始阶段地层中的水便大量排出,泥膜透气。

以上现象表明,泥膜在气压作用下,具有一定的抵抗气体透过的能力,在某一气压下,泥膜能在一段时间内保持闭气,超过这个时间后,泥膜便失去闭气能力,气体穿透泥膜将试验地层中的水压出,定义泥膜在某气压下保持闭气的时间为泥膜的闭气时间。按照该定义,0.1 MPa 下泥膜的闭气时间大于 100 000 s,0.15 MPa 下的闭气时间为 64 800 s,在 0.25 MPa 和 0.3 MPa 下泥膜直接被气体穿透,不存在闭气时间。即随着施加气压的增大,泥膜的闭气时间逐渐缩短。

带压开舱时,工作舱内气压一般取盾构顶部算起 $D/2 \sim D/3$ 位置的地下水压力,由于气压在开挖面上是均匀分布的,在开挖面的一些区域,气压平衡水压力后还有一部分富裕,泥膜的作用是用气压与水压力平衡,并将富裕气压转化为有效应力传递到土体上,气压转化为有效应力的前提是泥膜不被气体穿透,即闭气性。此外,施工人员单次进舱作业时间为 4~8 h,在这段时间中,工作舱内的气压需要通过泥膜的闭气性来保持稳定,应避免压缩气体通过开挖面出现大量泄漏,若气压出现较大波动,人体易出现减压病,同时气压下降可能导致开挖面支护力下降而失稳。因此,泥膜的闭气时间是泥膜在富裕气压作用下保持不被气体击穿的最长服役时间。泥膜闭气时间保证了施工人员在工作舱内的工作时间。

3) 泥膜闭气性影响因素分析

(1) 泥浆性质的影响。

通过对 0.25~0.5 mm 地层进行不同泥浆性质的闭气试验(S2-SL1、S2-SL2),其闭气过程的滤水量与时间关系如图 2-41 所示。

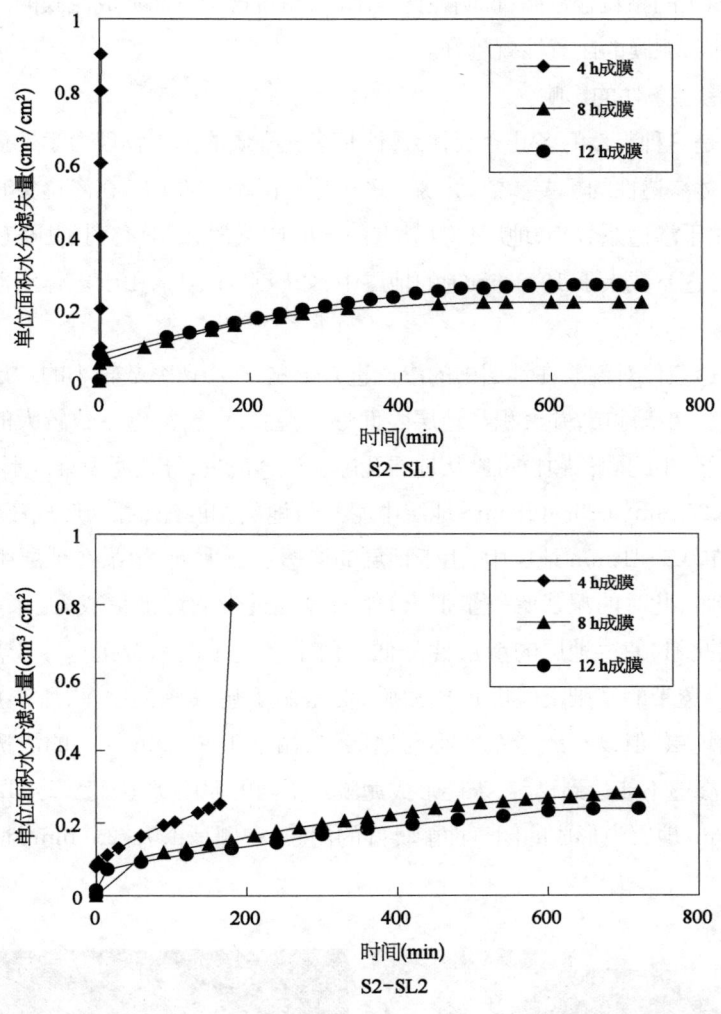

图 2-41 不同泥浆所形成泥膜闭气过程的滤水量

从图 2-41 中可以看出,同一气压条件,相同时间形成的泥膜,其闭气时间不同(4 h 泥膜);成功闭气泥膜(8 h、12 h 泥膜)最终稳定的滤水量也不同,说明泥浆性质对泥膜的性质影响很大。通过对比发现:泥浆密度越大,形成的渗透带的厚度越小,泥膜的厚度越大,因为泥浆密度增大,泥浆中的固相含量升高,泥浆颗粒容易在地层表面堆积。

除泥浆密度外,泥膜的闭气性还与泥浆的黏粒含量有关,比较两次试验中泥浆颗粒级配及黏粒含量,可见两种泥浆的颗粒粒径均主要集中在 $1\sim100~\mu m$,颗粒大小分布连续均匀,级配良好,两种泥浆之间的差异主要是不同大小的颗粒所占的比例不同。比较两种泥浆的黏粒含量发现 SL1 中的黏粒含量为 21.6%;SL2 中的黏粒含量为 30.7%;也就是说,泥浆的黏粒含量越高,所形成泥膜的闭气性越好。因为泥浆中的黏粒含量就是形成泥膜中的黏粒含量,SL2 比 SL1 的黏粒含量高,说明在此范围内,黏粒含量越高形成泥膜的孔隙越小,对水的吸附作用越强,泥膜的闭气性就越好。

(2) 地层渗透条件的影响。

地层土体是一种天然的多孔介质,渗透性是多孔介质的基本物理力学性质之一,孔隙的多少是影响土体渗透性的重要参数,孔隙的多少用孔隙率来表示。在渗透性较差的地层中,如黏土地层,由于渗透系数小,地层自身具有一定的闭气性,因而有利于压气施工维持气压的稳定;而在渗透系数大于 10^{-2} cm/s 的地层中,如砂卵石地层,由于气体渗漏太严重,很难进行压气施工。

地层的渗透条件对泥浆在地层中的渗透也有影响,在渗透系数较小的地层中,泥浆中的固体颗粒很容易堵塞地层,并聚积在地层表面形成泥膜;而在渗透系数较大的地层中,如砾砂地层,由于泥浆中的固体颗粒可以从地层孔隙中渗透流失,导致泥膜难以形成。

在 0.1～0.25 mm、0.25～0.5 mm 地层中泥浆与地层相匹配,可以形成闭气性良好的泥膜和渗透带;在 0.5～1 mm 地层中,由于地层的渗透系数太大,泥浆在地层中大量渗透,形成较长的渗透带,此时的泥浆滤失量很大,伴随着渗透带的逐渐形成,泥浆中的颗粒进入地层堵塞地层孔隙,使得地层的渗透性降低。由于渗透带的系数远远小于原地层的渗透系数,此时在渗透带的基础上能够形成泥膜,但是由于泥浆滤失过多,所形成泥膜的闭气效果优于原始地层,但没有渗透系数小的地层好;由于 1～2 mm 地层的渗透系数太大,泥浆在地层中的渗透不能达到稳定,未能形成泥膜。不同的泥膜类型如图 2-42 所示,左侧是在 0.1～0.25 mm 地层中形成的闭气性能良好的泥膜,右侧是 1.0～2.0 mm 地层未形成泥膜的情况。

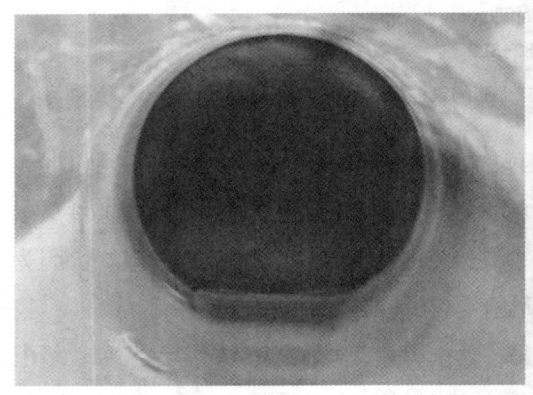
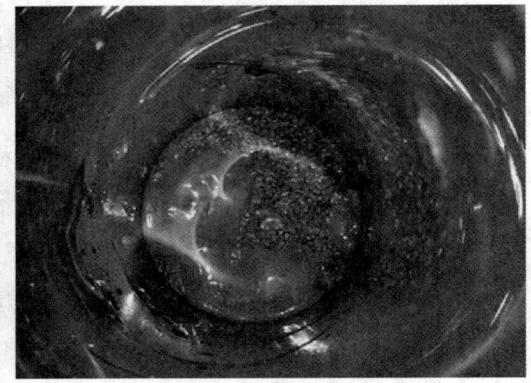

图 2-42 不同地层泥浆成膜

(3) 气压的影响。

图 2-43 所示为同一泥膜在不同气压下的闭气时间,泥膜闭气值为 0.22 MPa,随着气压

的增大,泥膜闭气时间逐渐减小并保持稳定,当压力大于 0.2 MPa 后,泥膜闭气时间为 0。图 2-44 所示为泥膜孔隙比随闭气时间的变化曲线,原状泥膜的孔隙比为 7.4,闭气时间为 0 的泥膜孔隙比分布为 4.6~6.8,随着闭气时间的增长,孔隙比逐渐下降,当闭气时间为 17 h 时,泥膜孔隙比降至 1.2,闭气时间越长,泥膜压缩量越大。图 2-45 所示为泥膜孔隙比与闭气时间的关系图,取闭气时间为 0 的泥膜,压气后泥膜孔隙比与气压有较好的线性关系,即压力越大,泥膜孔隙比越大,越来越接近原状泥膜的孔隙比。事实上,当压力超过泥膜闭气值时,泥膜会出现被瞬时"击穿"的现象,如图 2-46 所示,图中小孔为击穿后的漏气通道,且压力越大,漏气通道数量越多,开展速度越快,气体大量泄漏导致作用在泥膜上的气压减小,因而泥膜压缩量变小。

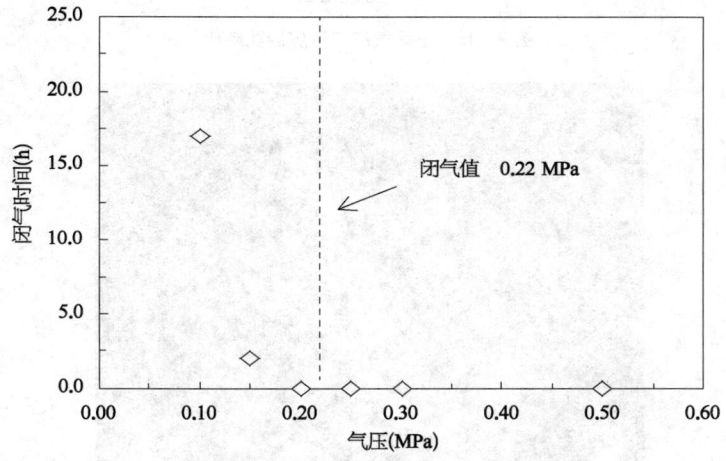

图 2-43 不同气压下的泥膜闭气时间

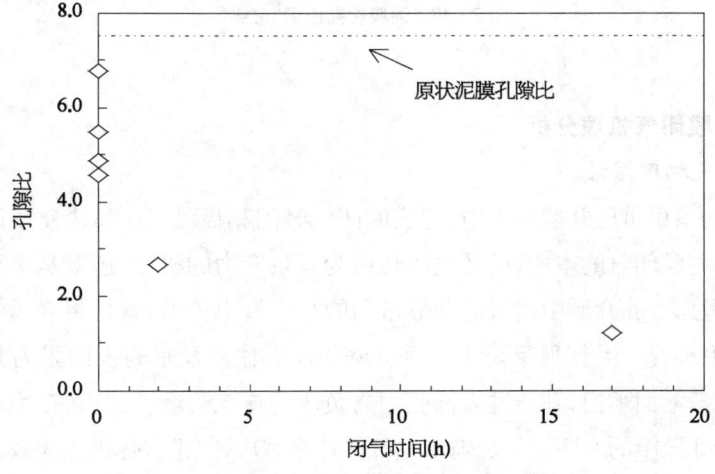

图 2-44 不同闭气时间下泥膜的孔隙比

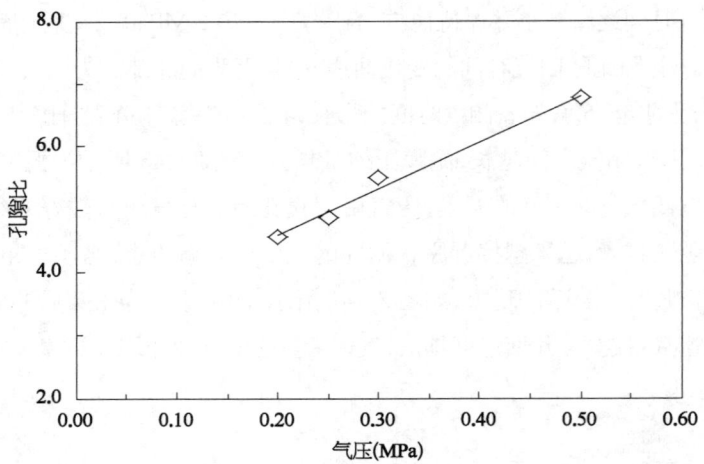

图 2-45 不同气压下泥膜的孔隙比

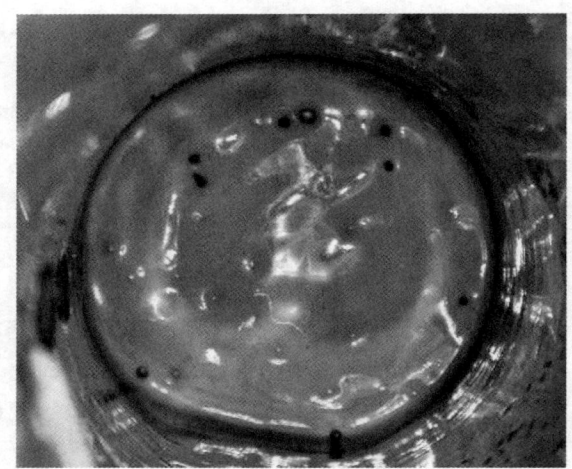

图 2-46 泥膜在高压下"击穿"

2.5.4 泥膜闭气机理分析

1) 泥膜闭气机理探讨

在泥水盾构采用带压开舱施工中,泥膜的闭气时间和极限气压值决定了压气施工能否成功,而要理解泥膜闭气的本质,以及气压转化为有效应力的机理,还要从多孔介质中水的表面张力进行考虑。孔介质中水气运动最常用的是毛管束模型,就是将介质中连通的孔隙看做是一个个毛细管。毛细现象是水与毛管壁的浸润性以及水的表面张力共同作用形成的,毛细负压由弯液面承担,并通过表面张力将负压传递至管壁。那么,在饱和的泥膜表面施加气压,泥膜孔隙中的水便会形成弯液面抵抗这个气压,阻止气体进入泥膜孔隙。气压通过弯液面,被传递到泥膜的颗粒上,转化为有效应力。

在一定气压范围内,弯液面的曲率半径随气压增大而逐渐减小,直至弯液面的变形达到极限,即弯液面的曲率半径达到最小值;气压继续增大,则弯液面就被气体推动向下运动,也就是气压克服泥膜孔隙中水的表面张力,进入孔隙,这时气压的大小,就定义为泥膜的闭气值。泥膜的闭气值即克服泥膜孔隙中水的表面张力所需的气压大小。如果气压维持不变,则随着时间的推移,弯液面也会被气体推动向下运动,但是运动速度较慢,需要一个过程,这便是泥膜由透气到闭气的过程,其中气压在泥膜上作用的时长即为泥膜的闭气时间。泥膜的闭气时间就是气压推动泥膜孔隙中水排出的时长。由于泥膜的闭气值比较难测,可采用泥膜极限气压值来评价泥膜的闭气能力,实际上泥膜的闭气值比泥膜的极限气压值要小很多。

泥膜可以被认为是一种饱和的非刚性多孔介质,多孔介质的孔隙结构通常被概化为"交联模型"和"离散模型",为了便于理解和计算,采用"离散模型"进行分析,假设泥膜的孔隙结构是由不同孔径大小的毛细管组成的毛管束,且毛细管间不相连通,如图 2-47 所示。在饱和的泥膜表面施加气压时,由于水的表面张力,泥膜孔隙中的水会形成弯液面抵抗这个气压,阻止气体进入泥膜孔隙,如图 2-48 所示为泥膜弯液面的受力分析,气压为 P,水的表面张力系数为 α,25℃时,$\alpha=73\times10^{-3}$ N/m,毛管半径为 r,弯液面与管壁的夹角为 θ,相对于气压,毛管水的重力可以忽略,受力平衡状态下:

$$P \cdot \pi r^2 = \alpha \cdot 2\pi r \cdot \cos\theta \tag{2-3}$$

极限平衡状态时,认为弯液面为半球型,$\theta=0$。所以:

$$P_0 = 2\alpha/r_n = 4\alpha/d_n \tag{2-4}$$

式中,P_0 为泥膜的闭气值,d_n 为泥膜孔隙直径,n 表示孔径大于 d_n 的孔隙占总孔隙体积的百分数,当 $P>P_0$ 时,表面张力无法抵抗气压力,孔隙水向下排出,泥膜孔隙透气,可见泥膜闭气值与泥膜孔径大小有关,泥膜孔径越小,闭气值越大。

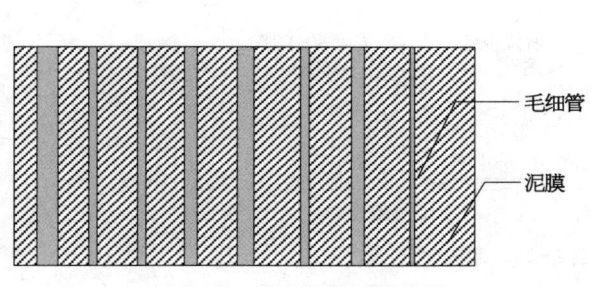

图 2-47 泥膜的孔隙结构模型

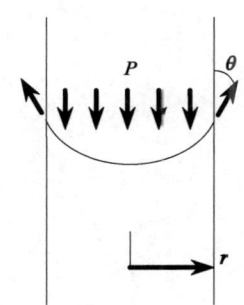

图 2-48 毛细管弯液面受力分析

根据上述公式以及实验的现象,对泥膜的透气过程进行总结。实际泥膜孔径 d 存在一个概率分布,假设泥膜中孔径最大的孔隙孔径为 d_1,采用式(2-3)计算出对应压力为 P_1,当压力小于当气压 P_1 时,泥膜中所有孔隙均不透气,泥膜处于完全闭气状态;未达到闭气值时,由式(2-4)可知,存在一个对应的孔径 d_1,其弯液面达到极限平衡状态,而孔径大于 d_1 的孔隙中的孔隙水已经排出,此时泥膜处于部分透气状态,如图 2-49 所示;但由于透气孔隙较少,实验中滤水量较小,认为在宏观上泥膜仍处于闭气状态;当气压达到 P_0 时,理论上孔径大于 d_n 的孔隙均已透气,即透气孔隙的百分数达到 n 时,泥膜完全透气,如图 2-50 所示,此时大量孔隙透气,滤水量出现明显增加,认为泥膜透气。如图 2-51 所示为闭气值实验中泥膜透气过程模式图,泥膜从闭气到透气的过程实质是气压克服毛管水的表面张力,将孔隙体积含量为 $n(\%)$ 的孔隙中的水排出的过程。

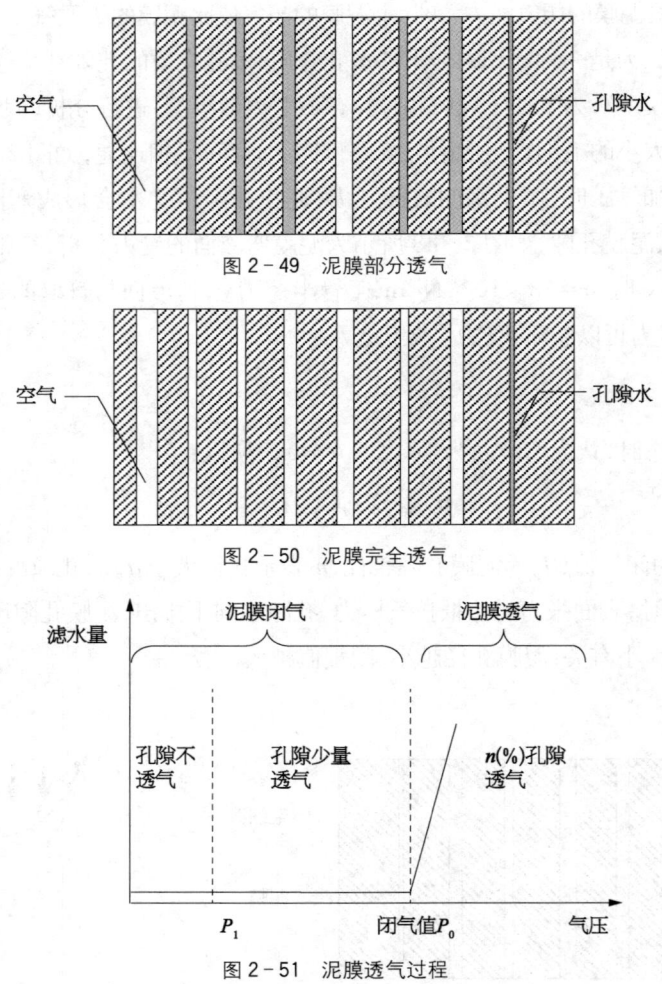

图 2-49 泥膜部分透气

图 2-50 泥膜完全透气

图 2-51 泥膜透气过程

2) 泥膜闭气规律与工程意义

当气压小于泥膜的工作值(泥膜可以长时间维持开挖面稳定,满足工作条件的气压值)时,气压不能克服泥膜孔隙中水的表面张力,泥膜闭气。气压通过孔隙中水的弯液面与土颗粒之间的相互作用传递到泥膜的土体骨架上,转化为有效应力。此时地层中的有效应力与施加的气压相等。

当气压大于泥膜的闭气值时,气压可以克服泥膜孔隙中水的表面张力,将泥膜孔隙中的水迅速排出,待孔隙中的水排尽之后,泥膜透气。气体进入地层,导致地层中的孔压上升,有效应力减小。

当气压小于泥膜的闭气值大于泥膜的工作值时,水在孔隙中缓慢流动,直至排出部分水后,流量突然增大,泥膜透气。地层中的有效应力起始时与施加的气压相同,透气后有效应力减小。

在实际工程中都是需要在气压舱内工作一段时间(一般4~8 h)。所以泥膜如果只是能够成功闭气还远远不够,在施加气压大于泥膜工作值时,泥膜还应该满足闭气时间大于工作时间的条件。

泥膜闭气随气压和时间变化的规律可以分为三个阶段:第一个阶段为闭气,泥膜压缩排水,泥膜阻止气体渗漏,同时将气压转化为有效应力,在气压作用下泥膜被压密;第二个阶段为孔隙排水,水在泥膜孔隙中流动,其流动速度取决于施加气压的大小,这是带压开舱,泥膜发挥作用的主要阶段,孔隙水流动速度越慢,泥膜的闭气性能越好,泥膜可以维持开挖面稳定的时间越长;第三个阶段为排水透气,只有不能成功闭气的阶段有此阶段,气体透过泥膜进入地层,导致地层中的孔隙应力增大,有效应力减小,开挖面失稳。

2.5.5 闭气泥膜形成技术

1) 闭气泥膜的制作流程

闭气泥膜的制作流程如图2-52所示。

2) 闭气复合泥膜的渗透带形成技术

(1) 渗透泥浆调制。

通过模拟后的地层,验证泥浆的渗透性能,一般以掘进过程中使用的泥浆为基础,根据室内试验参数对泥浆进行微调,相比后续使用泥浆,渗透阶段泥浆以大密度低黏度为主,含地层内微小颗粒为最佳。泥浆密度控制在 1.05~1.08 g/cm³,马氏漏斗黏度控制在 30~35 s。

根据确定的参数,向掘进过程中使用的泥浆加入水或者高黏度膨润土浆液来调整泥浆黏度,通过加不含聚合物的膨润土或者加入粉细砂来调整泥浆密度,一般大空隙地层,密度越大越适宜渗透加固地层。

渗透浆液调制好后,须经过泥水旁通循环,使浆液充分均匀,并且再次检验合格后方可进行渗透。

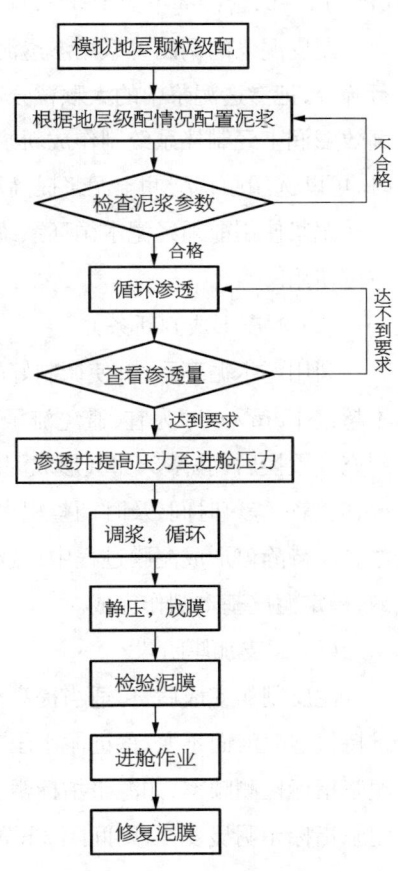

图 2-52 闭气泥膜制作流程图

(2) 渗透带形成判断条件。

利用泥水循环系统,使调制好的浆液与泥水舱形成泥水循环,密切监控气泡舱泥水液位和进排浆流量偏差,保持气泡舱液位稳定的情况下,通过进排泥浆管路偏差流量计算泥浆渗透入地层的速率,一般控制在 1.0 m³/min 以下。当泥浆渗入地层速率超过 1.0 m³/min,可适当提高泥浆黏度,如泥浆黏度提高 10 s 以上渗透速率仍无减小,可适当向泥浆内加入锯末、谷壳等颗粒物以填充地层孔隙。

当渗透流量偏差在 0.2~0.3 m³/min 且静停时气泡舱液位基本稳定,可认为地层在当前设定的泥水压力下渗透已经趋于饱和,即地层空隙已经充分得到泥浆颗粒的填充,此时可适当提高泥水舱的设定压力,一般每次提高不超过 5 kPa,提高后重复以上步骤,直至达到开舱作业要求的压力,可认为渗透加固阶段结束。

3) 闭气复合泥膜的泥皮形成技术

(1) 泥皮泥浆调制。

泥膜泥皮制作所需泥浆密度控制在 1.15~1.2 g/cm³,马氏漏斗黏度控制在 60~80 s,pH 为 7~9,含砂率不大于 3%,且泥浆必须充分膨化。

泥皮泥浆的调制可采用渗透泥浆为基础,将渗透泥浆通过泥水处理系统的筛分设备进行筛分,把渗透泥浆中的大颗粒分离出去,加入制备好的浓浆,以调整泥浆黏度。浓浆采用高效膨润土经制拌系统制作成新浆,经静停膨化超过 24 h 后使用。当泥浆密度达不到要求时,可以选用原状膨润土泥浆提高泥浆的密度。

泥浆使用前须经泥水循环系统进行旁通循环,使浆液充分均匀,并检测指标达到要求后方可使用。

(2) 泥皮形成判断条件。

利用泥水循环系统,使调制好的浆液与泥水舱形成泥水循环,控制进排浆的流速,一般不超过 15 m³/min 为宜,避免流量较大扰动地层和已形成的泥膜。在保证泥水舱内泥浆得到充分置换后,静停 3~4 h 形成泥皮,若出现泥水舱泥浆指标下降或气泡舱液面不稳定的情况,应缩短静停时间,及时调整泥水舱泥浆指标。如此反复,泥皮形成阶段时间一般在 24 h 左右。待静停形成泥膜过程中,气泡舱液面稳定处于基本不变或 1 h 液面下降在 3~5 cm 以内,稳定泥皮基本制作完成。

(3) 泥皮加厚阶段。

泥皮制作完成后,可适当提高泥浆黏度,泥浆黏度控制在 120~130 s。停止泥水循环,维持气泡舱液面不变,保证泥水压力稳定,以增加泥皮厚度,在静压过程中应加大泥水舱内泥浆指标检测频率,如泥浆指标明显变化则及时进行泥水循环对泥水舱内泥浆进行置换,如泥浆指标无明显变化,则间隔 2 h 置换一次泥水舱内泥浆。泥皮加厚时间一般控制在 10~12 h。图 2-53 所示为舱内检测加厚泥皮后的泥膜。

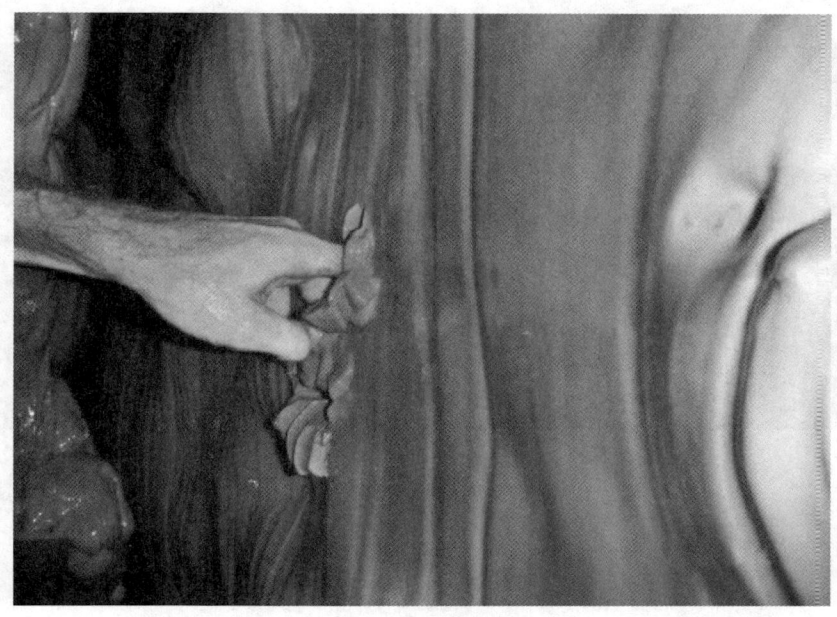

图 2-53 加厚泥皮泥膜图

2.5.6 泥膜质量检测和失效修复

(1) 泥膜闭气效果检测。

泥皮制作好后缓慢降低气泡舱及泥水舱泥浆液位,利用空气压缩机向气泡舱和泥水舱内补充压缩气体,维持舱内压力稳定,直至泥水舱液位下降至符合开舱工作要求,观察泥水舱压力、气泡舱压力及空气压缩机供气阀之间的压力差,如压力差小于 2 kPa,则说明泥膜泥皮形成致密,闭气效果良好。此时应持续保压 30 min,泥水舱及气泡舱压力稳定,压力波动小于 2 kPa,证明闭气泥膜制作完成,具备开舱作业条件。

(2) 泥膜闭气失效原因分析。

饱和法开舱泥膜失效漏气的主要原因有两个方面:一方面是饱和法开舱作业时间较长,泥皮在长时间暴露在高温、高压环境下或焊接高温等原因造成泥皮失水收缩开裂,见图 2-54a;另一方面是在作业时,刀盘转动或冲洗等人为原因致使泥皮脱落或损坏,见图 2-54b。

(3) 失效泥膜的修复。

出现泥膜失效漏气情况,应立即停止开舱作业。在保证泥水舱及气泡舱压力波动不大的情况下,补充泥浆迅速升起泥水舱泥浆液位,并采用加厚泥皮阶段泥浆指标对泥水舱泥浆进行充分置换后,停止循环采取静压成膜的方式对泥膜进行修复,加大泥水舱内泥浆指标的检测频率,保证泥浆质量,确保形成新的泥膜泥皮。

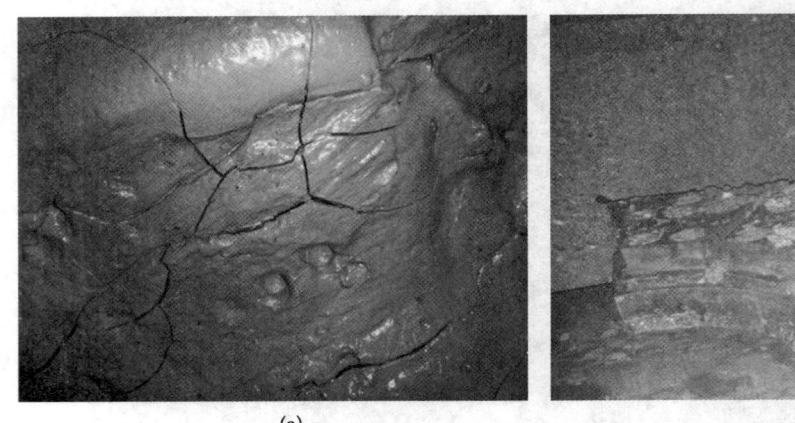

图 2-54 泥膜闭气失效原因
(a) 高温泥皮开裂；(b) 冲洗泥皮脱落

2.6 饱和法开舱作业呼吸气体及开舱作业

2.6.1 饱和法开舱作业呼吸气体种类

饱和法开舱作业呼吸气体种类为 4 种，具体见表 2-5。

表 2-5 呼吸气体种类 (%)

名 称	氧气含量	氦气含量	氮气含量
工作呼吸气体	5	75	20
治疗气体 1	10	55	35
治疗气体 2	80	20	
治疗气体 3	50	50	

2.6.2 生活舱气体供应种类

生活舱不同压力阶段供气种类见表 2-6。

表 2-6 生活舱供气种类

压力阶段(MPa)		供 气 种 类	
0.00~0.30	压缩空气	工作呼气气体	治疗气体 1
0.30~0.60		工作呼气气体	治疗气体 2

2.6.3 饱和法开舱作业

1) 饱和法开舱作业工艺流程图

饱和法开舱作业工艺流程如图 2-55 所示。

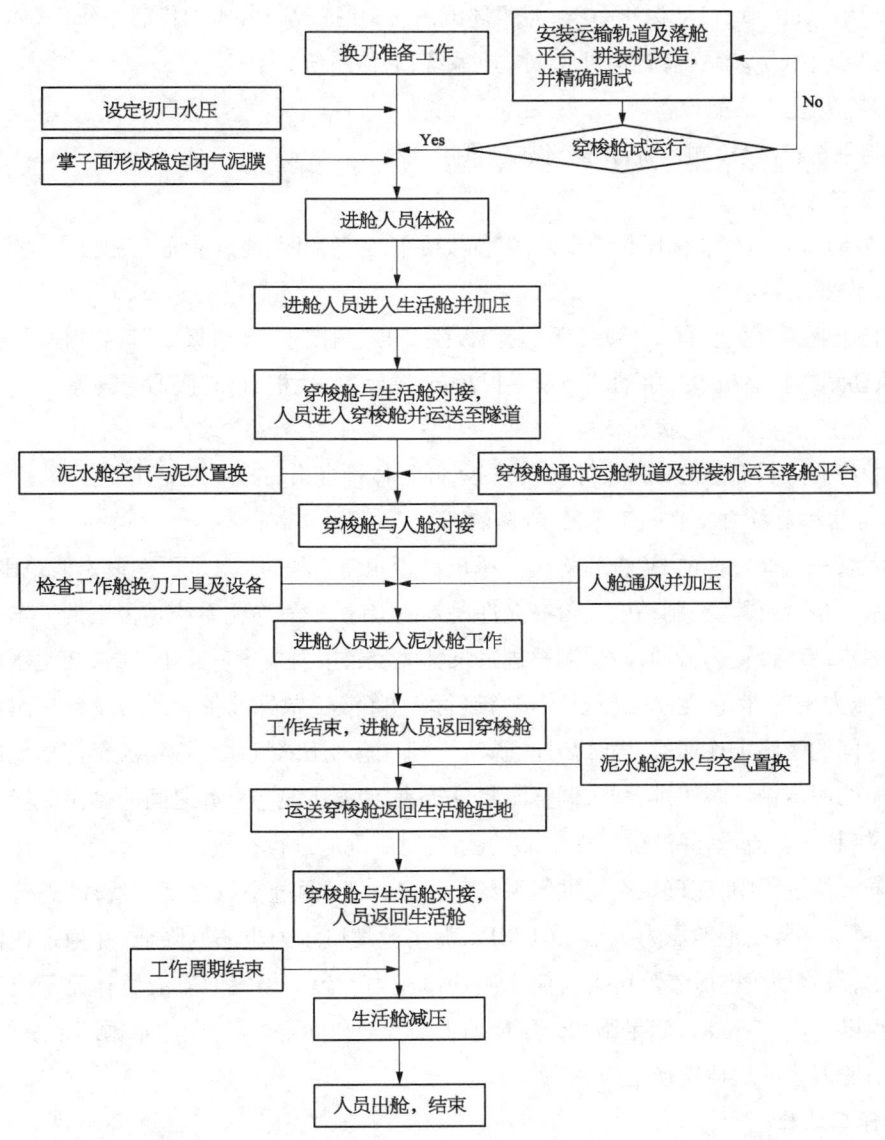

图 2-55 饱和法开舱作业工艺流程图

2) 饱和法开舱作业准备工作

(1) 技术准备。

饱和带压开舱作业前,应编制开舱作业专项方案,必要时邀请专家进行评审。按照施工方案要求对作业人员进行技术交底。

(2) 设备准备。

饱和开舱作业前应对各设备检查确认各系统运转正常。

① 盾构机设备。

人闸系统;调节、自动保压系统;泥浆环流系统;开挖舱内各压力传感系统;气体检测系统;穿梭舱运输、吊装系统;盾构机风、水、电系统;通信系统。

② 穿梭舱、生活舱设备。

控制系统;环境检测系统;供气、供电、供水系统。

③ 应急设备。

应急备用电源;应急保压起源设备;应急救援车;应急照明、通信系统;应急排水、消防设备。

(3) 作业工具准备。

进舱作业工具主要有：风动扳手、套筒扳手、内六角扳手、开口扳手、管钳、锤子、刀具测量工、风动角向打磨机、1 t 手动葫芦及手扳葫芦、除锈剂、撬棍、特制换刀工具等。

(4) 进舱作业人员选拔和体检。

进舱作业人员必须经保障潜水医师选拔,并经体检合格后方可进舱作业。

3) 盾构机前舱内泥浆—气体置换(降液面)

在泥浆—气体置换前,检查盾构机空压机是否正常、供气压力是否在设定值范围内、空气控制系统是否可靠、控制精度是否在允许误差范围内、空气净化系统是否正常工作。

将泥水循环设置为旁通模式,调整进浆泵、排浆泵、接力泵各项操作参数,使泥水循环系统流量、压力稳定,保证泥水循环系统正常运行,为降液位做好准备。开启设置在泥水舱与气泡舱之间的管路上连通阀,当开启连通阀后,气泡舱内压缩气体经管路流至泥水舱内。打开泥水舱的泥水循环系统排泥阀,调整泥浆泵转速,使泥水舱与外界之间的排泥流量大于送泥流量,控制偏差流量,降液位过程中,供气系统对气泡舱进行补气。

在降液位过程中,在确认空气供气系统正常条件下,通过空气控制系统,动态管理气泡舱压力,每次调整气泡舱压力减小 0.01 MPa,泥水舱切口压力也随之降低,并稳定在控制要求范围内,最终使气泡舱实际压力与泥水舱切口压力一致。当气泡舱液位计显示液位降至中心基点以下－2.5 m时,满足饱和带压换刀人员作业空间要求,关闭泥水循环系统排泥阀,盾构机前舱泥浆—气体置换完成。

4) 保压试验

在盾构机前舱泥浆—气体置换完成后,对掌子面泥膜保压性能进行试验。在工作气压状态下,掌子面漏气量小于供气能力的10%时,或气压在 2 h 内无明显变化时,表明保压试验合格。若出现漏气量大于供气能力的50%时,说明泥膜闭气性能差,应立即停止作业修复泥膜。

5) 穿梭舱运输和对接准备工作

(1) 安装饱和带压穿梭舱行走轨道(图 2－56)。轨道安装以喂片机中心线为准,根据测

图 2-56 运舱轨道

量组放线位置从喂片机前端向后安装。轨道安装完成后,悬空段轨道用钢筋将两侧轨道焊接固定。

(2) 安装口字件、喂片机前右侧卷扬机(图 2-57),并设置导向管控制卷扬机钢绞线收放路线。喂片机前右侧卷扬机钢绞线通过一组滑轮控制横移小车横向移动。

图 2-57 卷扬机

(3) 安装横移平台小车轨道及横移小车(图 2-58)。

图 2-58 运舱横移平台轨道及横移小车

(4) 拆除拼装机真空吸盘及真空泵并安装拼装机穿梭舱吊臂(图 2-59)。

图 2-59 拼装机吊臂

(5) 安装穿梭舱对接平台。安装对接平台护栏、爬梯及人行平台等(图2-60)。

图 2-60 对接平台及护栏

(6) 穿梭舱试运行。安装加固及设备试运行完成并经检查合格后,通过穿梭舱试运行检查轨道、移动小车、拼装机吊臂。调整对接平台与人舱对接头相对位置,确保穿梭舱与对接头快速、准确的对接;并对运输过程中存在的问题进行及时改进。

(7) 穿梭舱调试完成后,开始试降泥水舱液面,检测泥膜闭气性能,闭气性能满足要求后可进舱作业。

6) 作业人员进舱作业流程

(1) 穿梭舱每次与生活舱对接之前,需通入氦氧饱和气体进行洗舱,排出空气,通过穿梭舱气体分析系统确定舱内气体成分及含量满足要求后,可与生活舱对接。

(2) 穿梭舱与生活舱对接。通过手扳葫芦将穿梭舱与生活舱对接固定,穿梭舱升压至与生活舱同等压力,带压工作人员进入穿梭舱。解除混合气及空调系统连接管道。

(3) 饱和带压穿梭舱吊至运输车。将空调系统及穿梭舱吊至运输车,接通穿梭舱与空调系统及随车混合气系统接头,空调系统通过随车发电机供应电量。穿梭舱运前,安全员检查道路畅通情况并在运输车前方疏导。

(4) 穿梭舱运输过程的同时进行泥水舱的泥水与空气置换。

(5) 运输车辆将饱和带压穿梭舱运输至盾构一号台车口字件端部。穿梭舱通过运输轨道及拼装机旋转吊运至对接平台(图2-61~图2-64)。

(6) 饱和带压穿梭舱与人舱辅舱对接。调整拼装机将穿梭舱行走轮对准接平台轨道。通过对接平台调节螺栓调整穿梭舱与人舱辅舱中心的同心度,穿梭舱与人舱辅舱对接(图2-66)并检查密封情况,人舱加压至穿梭舱内压力,连通人舱与穿梭舱,工作人员进入人舱,人舱升压至与气泡舱同等压力,进入泥水舱工作,如图2-65、图2-66所示。

图 2-61　运输车辆将穿梭舱运至隧道

图 2-62　口字件吊具起吊穿梭舱

图 2-63 穿梭舱在轨道上的运行

图 2-64 穿梭舱横移并与拼装机吊臂连接

图 2-65　通过拼装机旋转吊运穿梭舱

图 2-66　穿梭舱与人舱对接

（7）进入泥水舱工作。饱和开舱工作期间，通过无线电保证舱内外通信通畅，同时保证工作人员的混合气使用状态良好。

（8）当次工作结束，进入人员返回穿梭舱，穿梭舱与盾构人舱解除对接，运送穿梭舱与生活舱对接，进舱人员返回生活舱。

（9）进舱人员工作期间，医务人员及时关注进舱人员身体状况。工作周期结束，生活舱减压，随时关注减压人员身体状况，如有减压病发生，可将病人转移至穿梭舱进行减压治疗。

7）盾构机舱内气体-泥浆置换（升液面）

接收升液位通知后，确认工作人员工作结束，并返回带压舱安全区域，关闭带压舱舱门。检查空压机是否正常、供气压力是否在设定值范围内、空气控制系统是否可靠、控制精度是否在允许误差范围内、空气净化系统是否正常工作。将泥水循环设置为旁通模式，调整进浆泵、排浆泵、接力泵各项操作参数，使泥水循环系统流量、压力稳定，保证泥水循环系统正常运行，为升液位做好准备。首关闭连通阀，隔断泥水舱与气泡舱之间的压缩空气的流通；然后再开启泥水舱的排气阀，使泥水舱内的压缩空气排到隧道内常压环境中。将泥水循环送泥阀打开，调整泥浆泵转速，使泥水舱与外界之间的送泥流量大于排泥流量，控制偏差流量，保证气泡舱液位缓慢上升。通过空气控制系统，动态管理气泡舱压力，每次调整气泡舱压力增加 0.01 MPa，泥水舱切口压力也随之升高，并稳定在控制要求范围内，最终使气泡舱实际压力恢复掘进压力。

2.7 医疗保障

2.7.1 进舱作业人员选拔

盾构刀盘刀具检修作业环境压力小于 0.5 MPa，通常采取常规气压开舱法。环境压力在 0.5～0.6 MPa 可根据检修工作量大小及检修工期进度要求选择常规气压或饱和气压开舱法。环境压力大于 0.6 MPa，除短期检查刀盘刀具外，通常需采取饱和法开舱才能保持高施工效率。

饱和法开舱作业期间，作业人员需在高气压环境连续生活、工作几十天，待作业完成后，一次减压返回正常生活环境，同时饱和气压作业技术复杂，人员素质要求高；因此，饱和法开舱作业人员选拔和训练要求高于常规气压作业人员。

饱和法开舱作业人员的高气压作业技术能力、身体心理素质要求远高于常规气压作业人员，应从以下人群中选拔：

① 有饱和潜水经历的潜水员；

② 职业持证空气或氦氧潜水潜水员；

③ 经验丰富盾构气压作业技师，常规空气带压作业超过 100 舱次。

2.7.2 进舱作业前体检

1) 首次饱和法带压进舱作业人员体检要求

参照中华人民共和国《职业潜水员体格检查要求》(GB 20827—2007),饱和气压作业人员应在二级或二级以上医疗机构体检。体检结果应经有饱和潜水医学保障经验的潜水医师予以确认。潜水医师应在体检结果基础上,重点关注外耳道情况及肺功能检查结果,并给予"体检合格""合格后治疗""不合格"的体检结论。

饱和法开舱作业条件下外耳道炎发病比例高,外耳道疾患人员应予"不合格"结论,外耳道内的耵聍是饱和潜水外耳道炎重要的致病因素,必须清理干净后才能给予"合格"结论。

因饱和法作业班组3名人员需昼夜在狭小舱室生活工作时间较长,潜水医师应特别注意潜水员性格特质和心理健康状况,以情绪稳定、性格平和者为佳。应根据体检合格潜水员个体性格差异,在班组成立前向负责人提出分组建议。

2) 再次进舱作业人员体检要求

再次执行饱和法开舱作业任务人员,在进舱前应进行体检,体检合格后方可进舱作业。具体体检内容为:

① 一般情况——饮食、睡眠、精神面貌和情绪情况;

② 生命体征——体温、呼吸、心率、血压;

③ 外耳道检查——如有耵聍,需清除干净;

④ 血常规、心电图、肝肾功能检查等。

2.7.3 舱内作业人员职业健康管理

1) 舱内作业人员作息管理

舱内作业人员应该在潜水医师的指导和监督下进行作息管理,充分提高作业效率,同时减少减压病发病率。

(1) 舱内作业人员每昼夜至少保持 8 h 睡眠。

(2) 尽量每天按固定时段执行班次工作。

(3) 每天饱和法开舱作业总时间控制在 6 h,其中舱内作业时间小于 4 h,工作 2 h 后休息 20 min,进行少量进食并补充水分。

(4) 生活舱内的最大停留时间不超过 4 周。

2) 进舱作业人员健康管理要求

(1) 开舱作业前不宜饮食太饱。

(2) 睡眠不足时不应进舱作业。

(3) 开舱作业期间,补充足量的水、压榨饮料等液体,防止脱水。

(4) 疑似患减压病,立即向潜水医师报告。同舱作业人员同时报告其他人员出现的任何潜在症状。

(5) 减压出舱后至少 24 h 内随身携带应急卡,并向家人、朋友、宾馆服务员等出示,以便获得应急服务。如若有身体不适,按照应急卡上的说明立即与潜水医师联系。

(6) 减压出舱后 48 h 内不应乘坐飞机。

2.7.4 气压条件下饱和法作业减压病

1) 饱和法开舱作业减压病特点

气压条件饱和法开舱作业工法在南京纬三路过江通道属首次使用,类似方面减压病治疗经验较少,与常规气压条件作业减压病比较,主要有以下几方面特点。

(1) 以下肢肌肉关节痛为多见。疼痛可出现在任何关节部位,但以下肢关节为主,最常见的疼痛部位是膝关节,髋、踝关节次之。疼痛性能性质多种多样,强度包括剧痛和刺痛,也有病人感觉关节内干燥、摩擦感,导致活动不利。一般在减压后 6 h 内发病,少数可在减压 24 h 后发病。

(2) 神经系统症状常见。患者症状表现多种多样,轻症病员表现为如肢体局部或指端麻木,皮肤蚁走感或烧灼感,肢体乏力感;罕见重症患者,如平衡障碍、视觉和语言障碍、头痛、腹痛或伴有恶心。

(3) 皮肤症状少见。偶可见膝关节及踝关节附近出现红色斑疹、丘疹,罕见皮肤大理石斑纹。

2) 气压条件下饱和法作业减压病治疗

在饱和法开舱作业完毕减压过程中出现减的压病,治疗方法如下。

(1) 升压速度:应以 20 kPa/min 的速率加压至症状消失的压力。

(2) 升压幅度:对于仅有肢体疼痛的减压病,不得超过 0.2 MPa;对于重型减压病,特别是有前庭症状者,不得超过 0.3 MPa。

(3) 停留时间:在症状消失的压力至少要停留 2 h,最长可停留 6 h;然后从治疗压力开始饱和减压。

饱和法作业减压结束后如果发生减压病,可按常规潜水减压病进行治疗。

3) 气压条件下饱和法作业减压病治疗预案

饱和法开舱作业在盾构人闸舱减压、生活舱减压或减压出舱后有疑似发生减压病的情况,人闸看护、生活舱生命支持员和潜水医师应根据发病情况进行评估,诊断为疑似减压病的人员都应进行治疗。

在盾构人闸舱减压过程中出现疑似减压病病情,按如下程序处理。

(1) 舱内作业人员立即报告人闸看护及巡潜监督。

(2) 通知潜水医生舱内人员症状,潜水医生作出初步医疗决定,同时立即前往现场。

(3) 作业人员立即返回穿梭舱内，人闸舱与穿梭舱分离。

(4) 升高穿梭舱内压，直至症状消失，同时可间隙呼吸氧分压较高的氦氧混合气。

(5) 终止饱和法开舱作业，将穿梭舱运回地面，启动作业人员返回生活舱程序。

(6) 在生活舱完成减压病治疗程序；治疗结束后，按饱和加压方案将生活舱内压力增加至规定饱和压力。

(7) 潜水医师进入生活舱内体检，作出治疗效果结论和是否继续实施作业的结论。

(8) 发生过减压病的患者暂停一次饱和法作业。

在生活舱内正常减压过程中出现疑似减压病病情，按如下程序处理。

(1) 舱内人员报告出现疑似减压病症状时，生命支持员立即终止减压程序，详细了解舱内人员情况，形成初步症状判断。

(2) 通知潜水医师，并详细说明已获知的舱内情况。

(3) 确认疑似减压病，升高居住舱压力，不断询问舱内人员病情变化。

(4) 升压至舱内人员症状消失，停留 2~6 h，其间可间隙呼吸高压氧治疗气体。

(5) 确认治疗目的达成，舱内人员症状消失达 6 h，感觉良好，按饱和原定减压程序继续减压。

正常减压完成后出现疑似减压病病情，按如下程序处理。

(1) 作业人员出现疑似减压病症状，处于 48 h 医学观察期应立即与潜水医师联系，应争取就近获得呼吸纯氧。

(2) 现场有治疗舱：由潜水医师组织治疗舱看护立即实施加压治疗。

(3) 现场无治疗舱：通知 120 救护车或现场自备值班车辆运送患者去指定医疗机构的高压氧科室实施治疗。

(4) 超过观察期发病人员可根据随身携带的"减压病应急卡"信息启动应急程序，患者自行或在他人帮助下联系指定医疗机构高压氧科室，呼叫 120 救护车运送。

4) 减压病应急卡

饱和法进舱作业人员减压出舱后，应留在治疗舱附近接受医学观察，同时还必须随身携带"减压病应急卡"至少 36 h，以便出现情况时使用。在减压出舱后 36 h 内出现任何症状（关节或手臂及腿部疼痛、中枢神经系统症状、心血管或呼吸系统问题）时，可能系潜水减压病的征兆，应自行或请求他人根据"减压病应急卡"背面提供的信息获得正确的医疗救助。

"减压病应急卡"应包含以下信息。

(1) 从事饱和法开舱作业工作，减压结束后 36 h 内有发生减压病的可能。

(2) 减压病的主要症状。

(3) 主要急救处理方法。

(4) 主要治疗方法。

(5) 指定高压氧治疗科室的地址和联系电话。

(6) 现场医疗保障潜水医师电话。

(7) 饱和法开舱作业项目名称、地址、项目负责人电话。

因气压条件下饱和法作业减压病为特殊的少见职业性疾病，多数医护人员缺乏该疾病的诊断治疗常识，任何负责治疗该患者的医生或医疗护理人员都必须立即与施二现场取得联系或与"减压病应急卡"标明的高压氧治疗中心取得联系。

5) 现场医疗保障潜水医师职责

气压条件下饱和法开舱现场必须配备具有潜水医学保障经验的潜水医师，全程对进舱作业人员的健康进行监督和保障，其工作内容主要有以下几个方面。

(1) 根据作业人员体检报告初步筛选进舱作业人员。

(2) 对筛选合格的作业人员进行加压试验和氧敏感试验。根据试验结果剔除不能适应气压环境变化及对氧毒性敏感的人员；同时根据试验合格人员压缩空气环境中的生理及心理反应情况，确定其高压作业的适应能力，结合预期任务提出该人员适宜的具体工作任务建议。

(3) 在开舱作业期间，潜水医师应每天通过生活舱对讲系统了解饱和舱内人员的身体、心理、饮食和休息状况，提出饮食和休息安排意见。

(4) 舱内作业人员有身体不适或出现外伤情形时，潜水医师应进舱直接诊察和处理。潜水医师有权根据诊察结果作出是否继续或终止带压作业的意见。

(5) 潜水医师应定期巡视盾构人闸现场，了解舱内作业人员在开舱作业期间的精神和身体状况。及时了解开舱作业可能出现的风险，出现需要医疗处理的情形，潜水医师应在接到医疗通知 20 min 内到达盾构人闸。

(6) 鉴于国内尚未设立管理气压条件下饱和法开舱作业人员健康及作业历史记录资料的专门机构，潜水医师应妥善保存气压作业体检，同时记录好作业医疗保障日志。

(7) 全程对进舱作业人员进行强制性健康监，督健康监督的主要内容如下：

① 饱和法进舱作业人员选拔；

② 饱和加压前和结束出舱后的现场体检；

③ 生活舱环境参数、呼吸气体的质量和数量；

④ 每日饮食和睡眠情况评估；

⑤ 每日身心健康状况查询和评估；

⑥ 意外伤害及事故的现场处置；

⑦ 常规疾病及潜水疾病的诊治；

⑧ 应急预案准备情况。

2.8 风险管理

开舱作业与盾构其他施工工艺相比,由于具有隐蔽性、复杂性和不确定性等突出的特点,会遇到很多困难和障碍。尤其是在复杂的地质及环境条件下,开舱作业的难度及风险更大。

饱和法开舱作业与常规压缩空气开舱作业不同,其涉及的工种、工序更多,对各类材料、设备的要求更高,因此对饱和法开舱作业的安全影响因素进行分析评价具有重要的促进意义。

安全影响因素分析评价是风险管理的一个重要组成部分,其目的是为了帮助业主、设计、施工建造单位充分了解工程所面临的风险,从而用经济有效的方法制定相应的对策,以便在不同的方案中,选择出一个最适应、风险较小的方案。风险管理是一项系统工程,是一门针对未来事件产生与预期相反的结果的可能性进行研究的学科,目的在于识别工程活动中所面临的所有风险并对风险进行量化,以便就如何管理风险作出理智的决策。

2.8.1 编制专项方案

根据《盾构法开舱及气压作业技术规范》(CJJ 217—2014)相关要求,气压条件下饱和法开舱作业属施工风险较大作业,开舱作业前必须编制专项方案,必要时并组织专家评审。

2.8.2 风险因素识别

风险因素辨识是指识别施工过程中的主要风险类型,分析风险发生的主要影响因素,确定工程项目主要风险事故,并对需要进行风险管理的风险进行筛选。结合开舱作业自身特点,运用层次分析法,将饱和法开舱作业分为11道工序,利用专家调查法、事故树法相结合,分析出每道工序的风险因素,具体参见表2-7。

表2-7 饱和法开舱作业风险因素分析

施工工序		风险因素
设备制造	生活舱	气体含量超标
		设备故障
	穿梭舱对接平台搭设	平台制作误差较大
		主要结构部件焊接质量不达标
		平台装配误差较大,影响穿梭舱对接
	拼装机改造	拼装机真空吸盘拆装不当
		穿梭舱吊运主梁强度不足
		穿梭舱吊运主梁安装质量不达标

(续表)

施工工序		风险因素
	吊机改造	主要结构部件焊接质量不达标
		吊具选择不合理或吊具质量不达标
	穿梭舱运输轨道搭设	主要原材料质量不达标
		轨道搭设误差较大,达不到设计标准
穿梭舱运输	穿梭舱起吊	穿梭舱起吊过程中发生碰撞、跌落
		穿梭舱起吊设备发生故障
	穿梭舱洞内运输	穿梭舱洞内运输交通事故
		穿梭舱运输车辆故障
	穿梭舱机内运输	穿梭舱机内运输时发生脱轨、侧翻等
		突发停电
开舱作业	泥浆质量	渗透泥浆质量风险
		纯膨润土泥浆质量风险
		泥浆置换效果风险
	泥水舱升降液位	压力设定风险
		升降液位操作风险
	饱和潜水气体质量	饱和潜水气体成分误差
		饱和潜水气体使用错误
	舱内作业	开挖面失稳风险
		舱内动火作业风险
		机械伤害
		人员跌落等

2.8.3 风险评价

风险评价是风险管理的一个重要环节,通过对各项风险因素的估计,参照制定的风险评估标准进行风险等级的评定,并对风险进行排序,综合风险评估结果对项目风险进行决策。南京纬三路过江通道开舱作业风险评价方法参考建设部《地铁及地下工程风险管理指南》中的评判标准为依据,根据风险发生的概率、后果损失、风险评估矩阵和风险接收准则进行风险评估的。具体见表2-8~表2-11。

表2-8 风险发生概率等级

等级	一级	二级	三级	四级	五级
事故描述	不可能	很少发生	偶尔发生	可能发生	频繁
概率区间	$P<0.01\%$	$0.01\%\leqslant P<0.1\%$	$0.1\%\leqslant P<1\%$	$1\%\leqslant P<10\%$	$P\geqslant 10\%$

表2-9 风险后果损失等级

等级	一级	二级	三级	四级	五级
描述	可忽略	需考虑	严重	非常严重	灾难性

表 2-10 风险评估矩阵

风险	事故损失				
	可忽略	需考虑	严重	非常严重	灾难性
发生概率 A: $P<0.01\%$	1A	2A	3A	4A	5A
B: $0.01\%≤P<0.1\%$	1B	2B	3B	4B	5B
C: $0.1\%≤P<1\%$	1C	2C	3C	4C	5C
D: $1\%≤P<10\%$	1D	2D	3D	4D	5D
E: $P≥10\%$	1E	2E	3E	4E	5E

表 2-11 风险接受准则

等级	风险	接收准则	控制对策	建议应对部门
一级	1A,2A,1B,1C	可忽略的	不必进行管理、审视	设计、施工、监理单位
二级	3A,2B,3B,2C,1D,1E	可容许的	引起注意,需常规管理审视	
三级	4A,5A,4B,3C,2D,2E	可接受的	引起重视,需防范、监控措施	总承包商
四级	5B,4C,5C,3D,4D,3E	不可接受的	需重要决策,需控制、预警措施	建设公司
五级	5D,4E,5E	拒绝接受的	立即停止,需整改、规避或预案措施	指挥部或政府部门

根据已辨识的风险因素和评价标准,对每个风险因素发生的概率和损失后果等级综合评定每个风险因素的风险等级。气压条件下饱和法开舱作业风险评价结果见表 2-12。

表 2-12 饱和法开舱作业风险评价表

施工工序		风险因素	发生概率	损失等级	风险等级
设备制造	生活舱	气体含量超标	C	2	二级
		设备故障	B	4	三级
	穿梭舱对接平台搭设	平台制作误差较大	D	2	二级
		主要结构部件焊接质量不达标	B	4	三级
		平台装配误差较大,影响穿梭舱对接	D	1	二级
	拼装机改造	拼装机真空吸盘拆装不当	C	3	三级
		穿梭舱吊运主梁强度不足	B	4	三级
		穿梭舱吊运主梁安装质量不达标	B	4	三级
	吊机改造	主要结构部件焊接质量不达标	D	2	三级
		吊具选择不合理或吊具质量不达标	B	2	二级
	穿梭舱运输轨道搭设	主要原材料质量不达标	D	2	三级
		轨道搭设误差较大,达不到设计标准	C	2	二级
穿梭舱运输	穿梭舱起吊	穿梭舱起吊过程中发生碰撞、跌落	B	4	三级
		穿梭舱起吊设备发生故障	C	3	三级
	穿梭舱洞内运输	穿梭舱洞内运输交通事故	B	2	二级
		穿梭舱运输车辆故障	D	1	二级
	穿梭舱机内运输	穿梭舱机内运输时发生脱轨、侧翻等	B	4	三级
		突发停电	D	2	三级

(续表)

施工工序	风险因素		发生概率	损失等级	风险等级
开舱作业	泥浆质量	渗透泥浆质量风险	D	3	四级
		纯膨润土泥浆质量风险	C	3	三级
		泥浆置换效果风险	D	2	三级
	泥水舱升降液位	压力设定风险	D	2	三级
		升降液位操作风险	E	3	四级
	饱和潜水气体质量	饱和潜水气体成分误差	B	3	三级
		饱和潜水气体使用错误	B	3	三级
	舱内作业	开挖面失稳风险	D	4	四级
		舱内动火作业风险	C	4	四级
		机械伤害	B	3	二级
		人员跌落等	C	3	三级

2.8.4 饱和法开舱作业主要风险管理和应对措施

1) 穿梭舱运输系统改造风险因素分析和应对措施

(1) 风险因素。

① 穿梭舱上、下部平台搭设：

a. 平台制作误差较大，导致平台无法顺利安装；

b. 主要结构部件焊接质量不达标；

c. 平台装配误差较大，影响穿梭舱运输。

② 拼装机改造：

a. 拼装机真空吸盘拆装不当；

b. 穿梭舱吊运主梁强度不足，导致无法吊运穿梭舱；

c. 穿梭舱吊运主梁安装质量不达标。

③ 吊机改造：

a. 主要结构部件焊接质量不达标；

b. 吊具选择不合理或吊具质量不达标。

④ 穿梭舱运输轨道搭设：

a. 主要原材料质量不达标；

b. 轨道搭设误差较大，达不到设计标准。

(2) 应对措施。

① 加强相关设计、施工人员安全意识，严格进行安全交底。

② 严格控制零配件加工质量，经检验合格的零配件方可入场。

③ 严格控制各类材料质量，所有材料均需进行质量认证。

④ 严格控制施工中装配及焊接作业质量,改造工作中所有关键结构部位(承重位置)的焊接必须通过船级社认证。

2) 泥浆和泥膜质量风险因素分析和应对措施

(1) 风险因素。

① 渗透泥浆质量:

无法在开挖面一定范围内形成有效的渗透型泥膜,导致泥皮型泥膜形成后持久性降低,引发开挖面失稳事故。

② 纯膨润土泥浆质量:

无法在开挖面形成致密的泥皮型泥膜,导致无法实施空气支护开挖面的开舱作业。

③ 泥浆置换效果:

无法有效地置换泥水舱内泥浆,造成资源的浪费。

(2) 应对措施。

① 根据地质资料,针对不同的地层配置相对应的渗透泥浆,以保证渗透型泥膜的质量。

② 对各类制浆剂和膨润土质量进行严格控制。

③ 每次开舱作业,检查泥水分离站及盾构机泥水舱内泥浆指标,若不符合要求,立即进行调整。

④ 安排有经验的盾构机操作人员进行泥浆置换,保证置换效果。

3) 泥水舱升降液位风险因素分析和应对措施

(1) 风险因素。

① 压力设定:

a. 压力设定过小,引起的开挖面失稳坍塌;

b. 压力设定过大,引起的泥膜破坏,最终导致开挖面失稳及冒顶。

② 升降液位操作:

升降液位操作不当引起的开挖面失稳。

(2) 应对措施。

① 充分研究地质资料,合理设定泥水舱压力。

② 安排有经验的盾构司机在盾构机操作室进行专门操作,并安排专人记录操作过程。

③ 作业期间各个阀门的开闭安排专人负责,由盾构司机统一指挥。

4) 穿梭舱运输安全影响因素分析和应对措施

(1) 影响因素。

① 穿梭舱起吊:

a. 穿梭舱起吊过程中发生碰撞、跌落;

b. 穿梭舱起吊设备发生故障。

② 穿梭舱洞内运输：

a. 穿梭舱洞内运输交通事故；

b. 穿梭舱运输车辆故障。

③ 穿梭舱机内运输：

a. 穿梭舱机内运输时发生脱轨、侧翻等；

b. 突发停电。

(2) 应对措施。

① 在进行穿梭舱运输之前，使用穿梭舱模型对所有参与的工人及技术人员进行培训，符合要求之后方能进行穿梭舱运输，运输过程中每一道工序均安排专职技术员负责。

② 定期检查穿梭舱运输过程中所涉及的机械设备和材料工具，确保运转正常。

③ 起吊设备、运输车辆及相关运输设备均配备两套，保证在出现问题时能够快速启动备用设施。

④ 采用双电源供电，发电房安排 24 h 值班，一旦停电，值班人员随时启动自发电系统。

5）饱和开舱作业呼气气体风险因素分析和应对措施

(1) 风险因素。

① 饱和潜水气体成分误差。

② 饱和潜水气体使用错误。

(2) 应对措施。

① 严格控制各类气体的质量，每天采用校准气体对生活舱及穿梭舱内的气体检测设备进行校准。

② 加强饱和法开舱作业人员的培训，严格控制各类气体的使用程序。

6）饱和法开舱作业过程风险因素分析和应对措施

(1) 风险因素。

① 开挖面稳定：

a. 开挖面人工开挖作业导致失稳；

b. 泥膜长时间暴露在空气中稳定性降低导致开挖面失稳。

② 舱内动火作业：

a. 舱内动火作业导致人员伤害；

b. 舱内动火作业引起开挖面失稳。

③ 机械伤害。

④ 人员跌落等伤害。

(2) 应对措施。

① 加强对开舱作业人员的技术及安全培训,规范舱内开挖作业及动火作业程序。

② 严格控制舱内作业设备及工具质量,对故障设备及工具及时进行维修保养。

③ 加强开舱作业人员安全意识,进行必要的紧急医疗救护培训。

第3章

水下隧道盾构盾尾刷更换技术

水下隧道盾构工程一般均采用泥水平衡盾构机,无论是断面尺寸还是一次掘进长度,均远大于一般地铁隧道中采用的土压平衡盾构机,存在众多施工难点以及风险点。其中,盾尾刷防渗控制是水下隧道盾构工程众多施工难点中最为棘手的问题之一。盾构的长距离掘进或施工不当会对盾尾钢丝刷造成一定的磨损,当磨损过大时盾尾刷会因为失去密封作用,若漏浆严重可能造成盾构机淹没。盾尾刷更换的难点在于管片拆卸后盾构尾部的密封止水,根据以往的工程实践,盾尾刷的更换大都采用加大盾尾同步注浆量以及改变注浆配比以加快浆液凝固等措施来加强盾尾密封止水的效果,国外也有采用化学注浆进行封水。但注浆法存在许多不利因素,如地层不适应性、注浆帷幕的连续性差、均匀性差、注浆土体与盾构及管片的胶结缺乏柔性和韧性等,注浆封水无百分之百的把握。如何选择一种更好的施工方法,从而更好地防治和控制盾尾的渗漏,是亟待解决的关键问题。研究高水压超大直径越江隧道工程盾构隧道盾尾刷防渗及更换技术具有重要工程意义、经济效益和社会效益。

近些年国内出现多起盾尾渗漏案例,业内对存在的问题进行分析总结。史兴全指出,南水北调中线南京三江口盾构穿越段盾尾刷渗漏原因系盾尾油质质量不好及注入量不足。刘玮等根据施工实践分析了盾尾渗漏的原因,提出了预防方法。张福民介绍了盾尾漏浆的危害与漏浆的原因,以及盾尾密封形式、浆液配比、油脂性能对盾尾密封性的影响,提出了保证盾尾密封完好的各项措施。李文广对泥水盾构隧道的渗漏原因、机理进行了分析,从洞口止水、管片防水、盾尾防渗漏和注浆防水四个方面分析泥水盾构隧道的渗漏原因并总结相应的施工控制措施。潘国庆对盾构在具有承压水的砂性土层中施工时盾尾密封渗漏风险源进行分析,并提出了相应的对策。张海亮结合深圳地铁罗宝线土建六标区间隧道的施工,详细介绍了海瑞克盾构机盾尾密封漏浆的常见原因和处理方法。李东升结合南京长江隧道的施工经验,对盾构机盾尾保护提出了预控、预警和(应急)预案的三个控制环节,并对三个环节的风险控制技术进行了全面分析。秦素娟结合南水北调中线一期穿黄工程中盾构穿越不良砂土、壤土、古土、砂质岩等地层分析了盾尾刷渗流影响因素,提出具体施工参数。可以看出,盾尾渗漏主要是由于管片组装不当、背填注浆不利、油脂量和压力不足、盾尾刷损坏等各种原因造成的。尽管目前通过大量案例对盾尾渗漏做了详细的分析,但是,针对不同地层中常见原因没有系统研究,并且对每一原因需采取的预防措施系统分类研究也少见,需对盾尾渗漏预防措施进行系统研究。

目前工程实践中盾尾刷更换大都采用加大盾尾同步注浆量以及改变注浆配比以加快浆液凝固等措施,少量工程采用人工冻结法更换盾尾刷施工。刘阳升介绍了富水地层中三菱盾构机在短行程管片安装器情况下盾尾刷更换的技术。吴秀国介绍了在花岗岩残积层中盾尾刷更换技术。杜建华等结合广州地铁三号线珠江新城站—客村站区间盾构机穿越珠江的实际情况,对盾构机洞内盾尾密封刷的更换进行了全面的技术总结。张冠军在上海长江隧道盾尾刷更换工程中提出在盾构壳体尾端预留一环形管道空间作为循环负温盐水的冻结管替代了早先考虑的沿管片环圆周以半径方向放射状从隧道内向外打钻穿透管片布设冻结管的方案。李勇成等阐述了盾构机盾尾密封刷的破坏机理,并总结了川气东送武汉盾构工程中在强透水地层下更换盾尾密封刷的实际工程经验。陈志宁以小松盾构机为例,介绍在区间隧道掘进中停机检修盾尾刷的必要安全条件、检查与更换方法、密封刷更换后的保护措施等实用技术,详细阐述了检修前的准备工作。王磊总结了长距离盾构推进中盾尾刷更换施工完整过程。陈成等人针对杭州市庆春路过江隧道盾构掘进过程中盾尾密封失效导致漏水漏浆的险情,分析了其盾尾密封失效的原因,提出了大型泥水盾构盾尾密封失效情况下采用液氮冷冻措施形成盾尾冻土环帷幕止水,在冻土帷幕止水保护下对盾尾管片拆、复拼并检查、更换、增补盾尾刷综合治理技术,并对工程进行了实测,证明了长距离液氮冻结在盾尾刷密封更换中的可行性。李发勇等介绍了在长距离软弱富水地层盾构推进中,将盾尾封闭后采用管片整环前移的措施更换盾尾刷的方法、盾尾刷更换注意事项及盾尾刷更换过程。李有兵以广深港客运专线狮子洋隧道盾构施工为例,从工艺原理、工艺流程、盾尾刷更换技术、质量控制等几个方面,详细论述了泥水盾构高水压条件下盾尾刷的更换技术。周兆勇结合南昌轨道交通1号线秋水广场站—中山西路站区间工程,提出采取泥水舱及盾壳上注入优质膨润土泥浆封闭、盾尾注入水泥砂浆封堵周边水系,选择合理的推进长度进行管片拆除,用塞焊的方法对3道盾尾刷处的注浆管、注脂管与盾尾之间的间隙进行焊接封堵,顺利解决了盾尾漏浆问题。

3.1 水下隧道盾构盾尾刷失效原因分析

(1) 水下盾构隧道较一般多为高水压、强透水地层,地质条件复杂,一次掘进距离长,盾尾刷易磨损造成渗漏问题。

(2) 盾构机姿态失控或管片选型不合理,盾尾间隙出现一侧偏大一侧偏小,偏小一侧盾尾刷易磨损,偏大一侧易喷涌。

(3) 同步注浆压力控制不当,造成盾尾击穿,同步注浆浆液渗入盾尾刷内。同步注浆浆液量不足时,管片脱离盾尾后管片姿态变形,也容易产生盾尾间隙偏大或偏小。

(4) 水下隧道盾尾油脂质量和注入量对盾尾密封至关重要。盾尾油脂注入不饱满,砂土将从油脂空隙进入盾尾刷,造成盾尾刷固结硬化。

3.2 水下隧道盾构盾尾刷更换方案

目前,水下隧道盾构盾尾刷更换作业方式可分为两种:注浆止水盾尾刷更换,冻结止水盾尾刷更换。冻结止水法又可分为:盐水冻结法,液氮冻结法。

1) 注浆止水盾尾刷更换

盾构机在到达预设定更换盾尾刷位置的前几环拼装提前预制的特殊管片环,采用特殊同步注浆浆液、水泥浆液、聚氨酯等注浆堵水加固,形成盾尾止水环进行盾尾刷更换。

2) 冻结止水盾尾刷更换

盾构在施工过程中被迫停机更换盾尾刷时,注浆止水相关措施无法实施,为保证安全更换盾尾刷,不发生涌砂涌水事故,一般采用管片上钻孔进行冻结加固封水方案,封堵盾壳和管片之间的缝隙对盾尾刷进行更换。

3) 更换盾尾刷流程

更换盾尾刷的流程如图3-1所示。

3.3 注浆止水盾尾刷更换技术

3.3.1 注浆止水盾尾刷更换总体方案

根据盾构机尾刷施工现状,选择合适的更换位置。更换盾尾刷应选择在地层稳定、渗透系数较小的位置。盾构机掘进至预定更换盾尾刷位置的前10环开始,通过加强同步注浆和二次注浆,形成第一道加固止水体系;制作两环特殊管片用于盾尾刷更换环号前两环的管片拼装,一环进行二次注浆补强,一环进行聚氨酯堵水且防止二次注浆体包裹盾体;停机之后,通过盾构机盾体预留注浆孔注入聚氨酯形成止水带,防止前方泥水舱泥水后窜;多道措施形成止水环并叠加成一个厚度大、密实性高,且具有一定

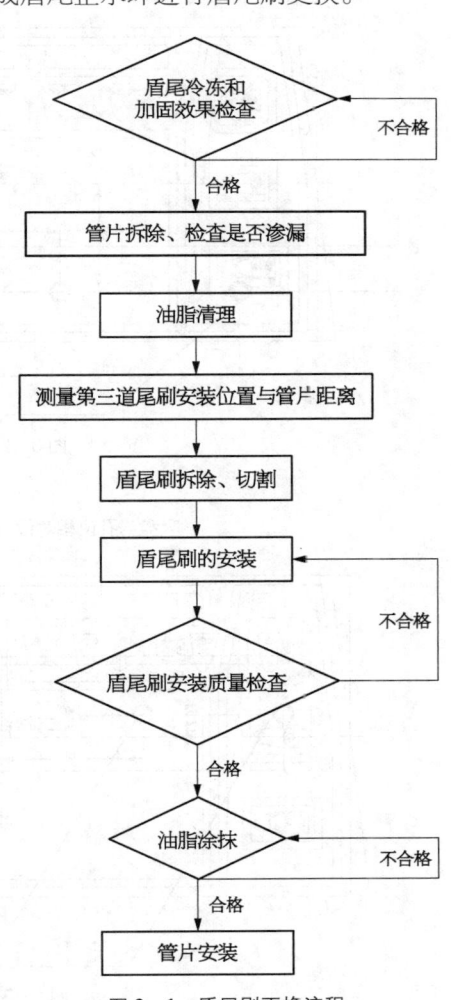

图3-1 盾尾刷更换流程

强度的完整止水体系,在注浆止水的环境中更换盾尾刷。

3.3.2 特殊管片设计

为了在强渗透地层形成良好的注浆止水效果,制作两环特殊管片用于注浆止水。每环特殊管片在原管片 10 个二次注浆孔的基础上增加 38 个预留孔,其中 F 块增加 2 个孔,邻接块和标准块分别增加 4 个孔,特殊管片预留孔与二次注浆孔孔径、构造相同,后期封堵加强措施也与二次注浆孔相同。考虑到真空吸盘位置、螺栓孔、剪力销以及原设计预留孔等因素影响,遵循孔位尽量平均分布的原则按照管片中心相对距离对称布置,预留孔与主筋位置冲突时可在 3 cm 范围内微调,避免影响结构强度。孔位布置见图 3-2~图 3-4。

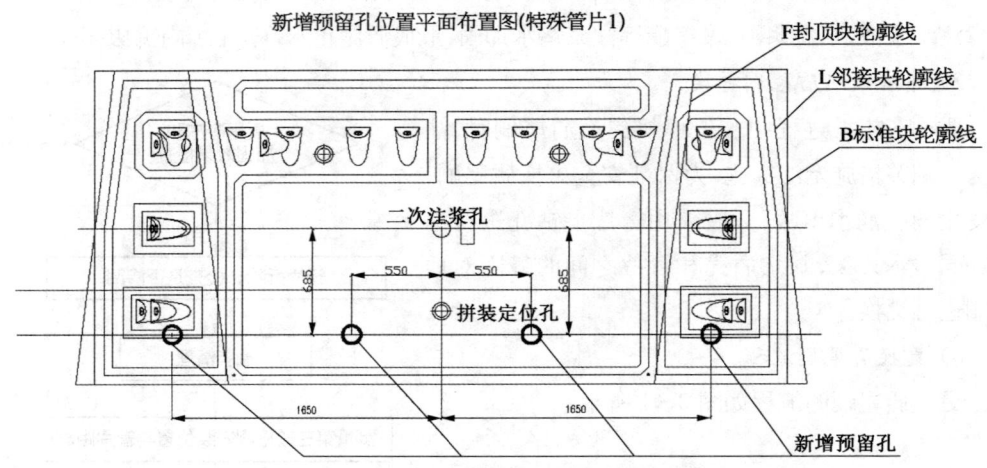

图 3-2 特殊管片 1 孔位图(mm)

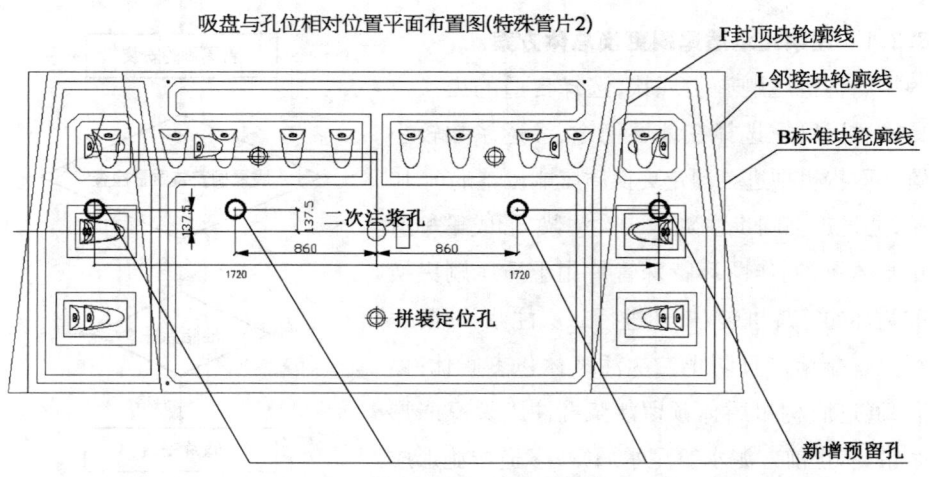

图 3-3 特殊管片 2 孔位图(mm)

3.3.3 同步注浆封堵止水

同步注浆是更换盾尾刷止水的第一道且最重要的关口。盾构机掘进过程中,一般采用惰性浆液,充填系数一般控制在1.30～1.80。在到达预定更换盾尾刷位置前10环的掘进时,同步注浆配合比应由惰性浆液调整为活性浆液。浆液性能除了满足要求的强度外,流动性、可填充性、凝结时间、收缩率等指标必须符合要求。每环总注浆填充系数应控制在1.80～2.00,注浆应在每环掘进过程中完成,若掘进速度较快,未能达到要求注浆量,在掘进过程中应调整掘进速度,不得采用停止掘进补注浆。南京纬三路过江通道项目活性浆液配比为水∶水泥∶砂∶膨润土∶减水剂＝456∶450∶1 120∶80∶3。

图3-4 特殊管片环预制

3.3.4 二次补强注浆封堵止水

在到达预定停机位置的前10环管片在脱离盾尾以后,必须进行二次补强注浆,这是封堵止水的第二道关口。管片脱离盾尾后,立即补注双液浆。注浆顺序为从下到上,从后到前。注浆材料采用水泥—水玻璃双液浆,水泥浆水灰比＝1.3∶1(质量比),水泥浆∶水玻璃＝1∶0.11(体积比)。最大注浆控制压力为3 MPa,二次补强注浆主要是填充同步注浆不密实的空隙,因此二次注浆以控制注浆压力为主,当注浆压力达到最大控制压力时可结束注浆。

3.3.5 特殊管片环注浆封堵止水

盾构掘进到预定停机位置脱出盾尾和盾尾内这两环管片采用特殊管片环,见图3-5。

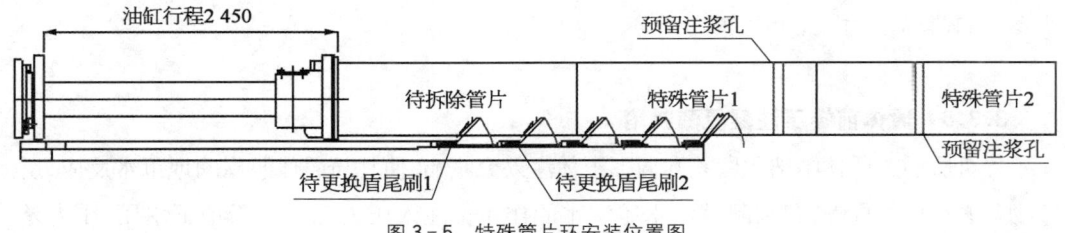

图3-5 特殊管片环安装位置图

为了确保注浆能封堵成环,特殊管片除了原设计预留的注浆孔外,每环管片又增加了38个注浆孔,这是盾尾注浆堵水的第三道关口,见图3-6。特殊管片环注浆顺序为:两环管

图 3-6 特殊管片环注浆

片都先注惰性同步注浆浆液，其次在盾尾内的特殊管片环压注聚氨酯，再对脱离盾尾的特殊管片环二次补强注浆，最后聚氨酯局部封堵。盾构机停机后，防止注浆体包裹盾构机盾尾外壁或填充盾尾间隙，影响盾构机的脱困和掘进，对特殊管片环预留孔注入惰性浆，使其填充盾尾管片与最后一道盾尾刷外的空间，形成一个隔离带，一方面起到阻水作用，另一方面能有效防止后方注入的双液浆渗入前方的盾尾刷和盾构机盾尾外壁。惰性浆液注浆结束后，压注聚氨酯封堵同步注浆可能存在的空隙，力保二次注浆不渗入盾尾刷内。二次补强注浆主要是提高盾尾封堵段的土体强度，避免水压力击穿加固体。对特殊管片环注浆加固。注浆应采取多次注浆方式，直至每个注浆孔未有渗水为止。若二次注浆完成后还有个别孔有小渗漏的情况，采用压注聚氨酯止水。

3.3.6　盾体前端压注聚氨酯封堵

停机后通过盾体中部预留孔向周围土体注入聚氨酯，使其与盾体四周的地下水反应，反应物包裹在盾体周围，起到阻挡泥水舱泥水的作用。注入压力应略大于地下水压，压力差 0.1MPa 左右，注入顺序为从隧道底部经两侧向顶部进行。聚氨酯注入的控制标准为：完成当前孔位注入后，打开相邻孔位观察，若无水流出或有聚氨酯流出即为合格，可开始下一孔位的聚氨酯注入，以此类推完成全部孔位的聚氨酯注入。

3.3.7 注浆封堵效果检测

在二次补强注浆完成,到达终凝时间后,从下至上依次打开特殊管片上的 10 个二次注浆孔,检测是否有水渗出,若无水渗出可认为止水效果合格,可进行盾尾刷更换作业;若有水渗出,则对渗水区域预留孔补注聚氨酯,如图 3-7 所示。

图 3-7 渗漏水检查

3.3.8 注浆止水盾尾刷更换施工

1) 盾尾刷更换准备工作

(1) 在盾构停机更换尾刷前,必须对盾构机进行维修保养,使设备处于正常运转状态。在更换尾刷过程中,若出现特殊情况,盾构机能立即掘进。

(2) 应编制盾尾刷更换专项安全施工方案,必要时组织相关业内专家进行评审。方案严格按照审批程序完成后,方可施工作业。

(3) 参与尾刷更换作业人员应经培训考核,考核合格后方可上岗作业。

(4) 所有应急抢险物资和设备到位,至少完成一次盾尾突涌应急演练。

2) **盾构掘进参数控制**

在盾构机到达预定停机位置的前 10 环掘进过程中,注意控制盾构机姿态,保持盾尾间隙均匀。控制盾构机推进油缸行程差,若推进油缸出现较大行程差,可通过前期管片拼装进行调整,确保在停机位置盾构机推进油缸行程差在 3 cm 以内。

3) **紧急密封油脂注入**

为了加强盾尾密封腔体的密封止水效果,在盾构机到达指定停机位置的前 10 环掘进过程中,采用紧急密封油脂代替盾构掘进时采用的普通密封油脂。盾尾油脂的压注量应较正常掘进略大一些。

4) **最后一环管片拼装**

为方便更换盾尾刷时的管片拆除,停机更换盾尾刷前的最后一环管片采用通缝拼装,并且将 F 块拼装于上部。同时,为减少拆除管片时的难度,F 块两侧均匀涂抹黄油。管片环纵向螺栓需按照正常要求进行安装,尽量保证该环管片的整体性。

5) **管片拆除及安装顺序**

确认更换盾尾刷全部露盾尾后,由拼装手拆除管片,按顺序拆除管片,逐块拆除管片,更换盾尾刷。管片拆装步骤如下(图 3-8):

第一步,拆除 F 块,更换 F 块盾尾刷;

第二步,拆除 L1,拼 F,更换 L1 块盾尾刷;

第三步,拆除 B1,拼 L1,更换 B1 块盾尾刷,以此类推更换 L2;

第四步,拆除 F,拼 L2,拼 F。

管片拆除施工要点:

(1) 拆除 F 块管片时,首先将管片与拼装机固定牢固,回缩油缸,通过采用定制吊环连接管片螺栓孔,吊环与油缸通过钢丝绳相连接的方式,回缩油缸将 F 块管片抽出,如图 3-9 所示。

(2) 其余管片通过回缩油缸与拼装机拆除相配合的方式拆除。

6) **清理盾壳及油脂舱**

管片拆除后检查管片与盾壳间是否存在漏水、漏浆现象。如存在轻微渗水渗浆,用海绵条等将渗漏位置封堵,拆除管片范围油脂舱内废油脂和砂浆并清理干净,检查油脂注入孔是否畅通。

7) **盾尾刷的拆除和安装**

(1) 拆除旧盾尾刷。

油脂舱清理完成后,用风动扳手拆除第一、二道螺栓安装盾尾刷,用割枪割除第三道盾尾刷。盾尾刷拆除完成后清理第一、二道螺栓孔、清洗螺栓。按由上往下、由外而内顺序拆除,逐个取出损坏的盾尾刷,拆除完成后将盾尾刷位置杂物清理干净,并确保干燥。将第三道旧盾尾刷割除后对割除不平整的地方进行刨光打磨处理,从而确保在新盾尾刷安装时不

图 3-8 管片拆除顺序

图3-9　F块拆除

存在安装不平整现象。

(2) 新盾尾刷的安装。

第一、二道盾尾刷安装：拆除管片区域油脂、杂物清理完成，用清洗机和丝锥清理安装螺栓孔，按照螺栓孔位置安装盾尾刷，位置对准后安装并紧固螺栓，油脂孔位置安装专用盾尾刷，相邻盾尾刷后弹簧保护板采用搭接式，安装从盾尾自下而上方式。

第三道盾尾刷安装：拆除管片区域盾尾刷全部切除并清理完成后，用砂轮机将旧盾尾刷割除时焊瘤打磨干净，开始定位焊接新盾尾刷。以拆除管片下方相邻管片为起点，第一块盾尾刷定位以盾尾刷安装定位钢环为基准，盾尾刷尾部紧贴钢环同时底板与钢环垂直，定位好后点焊固定，安装时用锤子敲击，必须确保相邻盾尾刷平行同时搭接密实，压板间距不能大于3 mm，依次搭接安装，安装完成经检查合格后进行满焊。在最后一块焊接时，尾刷稍宽，经过仔细量测后按尺寸切除，确保两块尾刷之间有足够搭接长度。

(3) 盾尾油脂的涂抹。

在管片拆除区域盾尾刷全部安装、焊接完成后，进行盾尾油脂涂抹作业，涂抹油脂采用WR90型手涂盾尾油脂。涂抹时分层将钢丝刷拨开后填入油脂(图3-10)，涂抹后每层油脂填塞饱满，不掉落、不漏涂。油脂涂抹质量须经土木工程师检验合格后，才可进行管片拼装。

(4) 油脂管路检查。

盾尾刷更换完成后检查此处盾尾注脂管路，手动注脂，若在油脂系统不存在故障的情况下，此油脂孔无油脂流出，则表明此路油脂管路堵塞，需进行疏通。

(5) 管片拼装。

拆除管片区域新安装盾尾刷油脂涂抹完成经检查合格后，在管片进行二次拼装时，一定

图 3-10 盾尾油脂涂抹

要确认千斤顶撑靴已经顶住管片,定位销和镙杆安装完成后,方可松开吸盘。拼装机吸盘与管片慢慢脱离,确认二次拼装管片稳定后,才可以完全脱离。

在上述工序完成后,按顺序拆除下一块管片,按照以上工序施工,直到循环施工完成。

8) 检查油脂舱压力

在管片拼装完成后,对盾尾各个油脂舱进行油脂压注,并注意油脂舱的压力变化情况。当油脂舱油压达到 1 MPa 认为盾尾刷达到设计要求。正常掘进时应当注意同步注浆压力不得太大,以免击穿盾尾,再次造成盾尾刷损坏。

9) 物资设备配置

注浆止水更换盾尾刷所需要材料和设备见表 3-1。

表 3-1 更换盾尾刷物资设备统计表

序号	材料、设备名称	规格型号	单位	数量	备注
1	盾尾刷	200×43×300	块	464 块	第一、二道盾尾刷更换
2	盾尾刷	200×43×300	块	232 块	第三道盾尾刷更换
3	直流电焊机		台	2 台	第三道盾尾刷更换焊接
4	烤箱		个	2 个	焊条加、保温
5	焊条	506	箱	2 箱	第三道盾尾刷更换焊接
6	盾尾油脂	CONDATWR90	桶	15 桶	更换盾尾刷手涂油脂
7	螺栓	M16×50	套	200 套	第一、二道盾尾刷更换
8	丝锥	M16	把	2 把	第一、二道盾尾刷更换
9	螺纹紧固胶		瓶	20 瓶	第一、二道盾尾刷更换

(续表)

序号	材料、设备名称	规格型号	单位	数量	备注
10	内六角扳手	M14	把	5把	第一、二道盾尾刷更换
11	砂轮机		个	4个	第三道盾尾刷切割
12	切割片		片	100片	第三道盾尾刷切割
13	砂轮片		片	100片	第三道盾尾刷更换打磨
14	砂轮机		个	1个	第三道盾尾刷切割
15	切割片		片	30片	第三道盾尾刷切割
16	化油清洗剂		箱	2箱	第一、二道盾尾刷更换螺栓、螺栓孔清洗
17	抹子		把	10把	油脂舱油脂清理
18	锤子	6磅	把	2把	盾尾刷安装
19	洋镐		把	4把	油脂舱油脂清理
20	小皮桶		个	4个	盾尾刷油脂涂抹
21	橡胶手套		双	20双	油脂涂抹
22	氧气乙炔		套	2套	第三道盾尾刷切割
23	抹布		kg	20 kg	清洁
24	安全带		条	5条	
25	风动扳手	K1816	把	2把	第一、二道盾尾刷螺栓拆除和安装
26	灭火器		只	4只	焊接过程中防止油脂燃烧

10) 人员配置

注浆止水更换盾尾刷人员配置见表3-2。

表3-2 注浆止水更换盾尾刷人员配置表

序号	工种	人数	职责
1	技术员	4人	盾尾刷更换技术指导、监督
2	值班经理	2人	现场协调
3	管片拼装工	2人	管片拆除、安装
4	电焊工	4人	第三道盾尾刷割除、焊接
5	保养工	14人	盾尾刷更换、切割
4	抽水工	4人	抽水
5	杂工	20人	新旧盾尾刷搬运、盾尾、油脂舱清理
6	土木工程师	4人	油缸行程与盾尾渗漏检查、油脂涂抹
7	注浆人员	10	二次补强注浆、压注聚氨酯

3.3.9 盾尾渗漏应急措施

(1) 若在拆除管片时出现地下水或泥浆渗漏,根据渗漏情况采取相关应急措施:当局部渗漏时,可从盾体与管片间隙插入 $\phi50$ mm 管道注入聚氨酯进行封堵;当渗漏严重时,需用海绵条或棉被对漏水点进行临时封堵,并加大注入压力和注入速度对盾尾间隙压注聚氨酯,防止聚氨酯在与水反应前被动水带走;必要时可对已注浆或聚氨酯孔重新打通进行注浆。

(2) 根据渗漏水量及隧道最低处的积水量情况,及时启动隧道最低点处的 2 台 45 kW 防洪泵,通过排污管将水抽排至工作井,再通过工作井内 2 台 22 kW 防洪泵将水抽至地面。

(3) 当 45 kW 防洪泵无法满足隧道内排水时立即启动 2 台 75 kW 防洪泵将水抽至排泥管,通过 P22、P23 排泥泵直接排至泥水站,确保隧道积水及时抽到地面。

3.4 冻结法盾尾刷更换技术

3.4.1 盾尾刷更换方案比选

盾尾刷更换是在江水下施工,最大水压力约为 0.6 MPa,注浆止水施工难度大,并且其注浆的连续性、均匀性差,存在很大的止水密封性风险,不适用于该工况。盐水冻结需要建立冻结和维护制冷工序的循环系统,所需工期长,受空气和动水影响大,该工况为抢险施工,需要尽可能快速完成施工,液氮冻结液氮温度低,土层冷冻速度快,采用直接输送液氮的方式,不需要建立冻结和维护制冷工序的循环系统,工期短,并且液氮冻结的冻结效果以及安全性也优于盐水冻结,故而采用液氮冻结更为合适。

液氮冷冻方案:液氮槽车布置在盾构二号台架下方,采用两台液氮槽车同时输送液氮,液氮通过输送管道至分配器,再经过分配器调节均匀输送至冻结管,液氮通过管路输送到管片和土体内的冻结孔内,气化吸热使周围水土温度降低,气化后的氮气通过管道排放至隧道外。

3.4.2 液氮冻结法设计方案

1) 冻结孔参数

冻结孔和测温孔选用 $\phi89\times8$ mm 的 R304 不锈钢无缝钢管,供液管和冷冻排管选用 $\phi32\times4$ mm 的 R304 不锈钢无缝钢管;其布置原则为:

① 距离盾构盾壳尾部大于 35 cm;

② 环向布置时距离管片纵缝大于 35 cm;

③ 出现渗漏一侧 5 点至 11 点方向采取局部加密布置,其环向中心间距为 55~63 cm,布置 33 根冻结管;另一侧按照环向中心间距 72~77 cm 布置,共设 28 根冻结管;具体如图 3-11、图 3-12 所示;

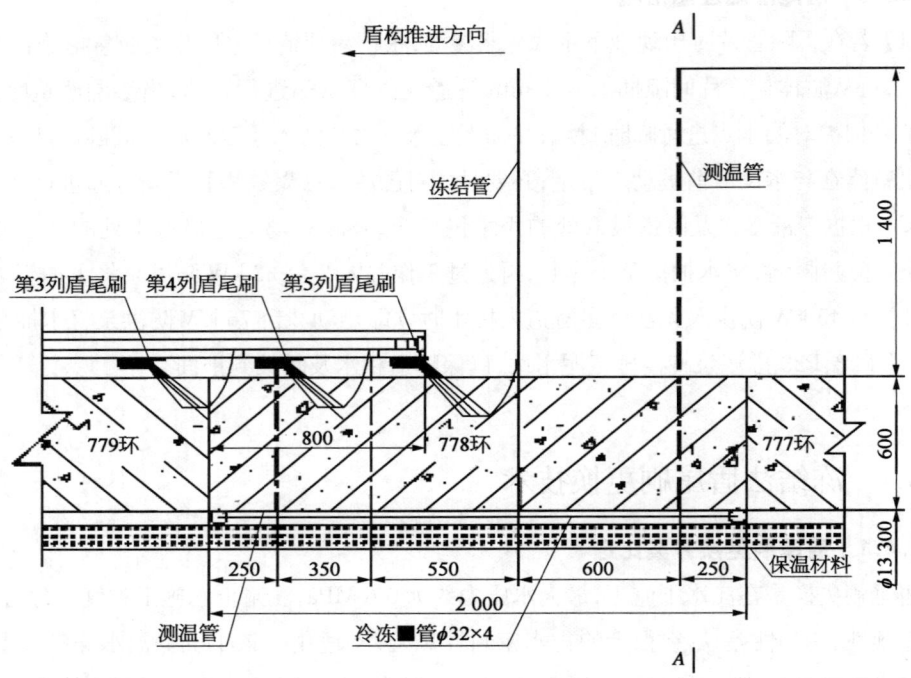

图 3-11 冻结孔布置图

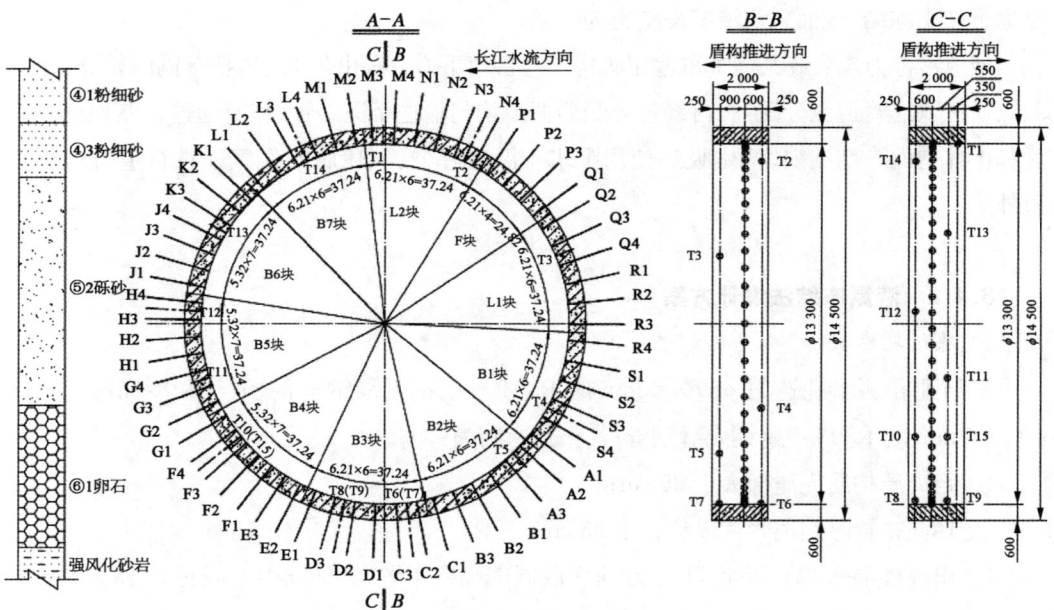

图 3-12 冻结孔布置剖面图

④ 为了确保安全,孔深均按 2.0 m(含管片厚度)设置。

2) 制冷设计

液氮冻结的关键环节为温度控制,根据以往液氮冻结的经验,液氮储罐出口的温度控制在 −150～−170℃,压力控制在 0.05～0.10 MPa 为宜,冻结管出口温度控制在 −50～−70℃,压力控制在 0.05～0.1 MPa 为宜,压力调节可使用液氮储罐上的散热板,温度调节使用每组回路中截止阀。

3) 冻结时间估算

液氮冻结由于温度极低,冻土的发展速度也较快,根据液氮在冻结管中单位时间的蒸发量不同,根据以往工程的施工经验,取冻土的发展速度为 12 cm/d。需冻结 10 d,再通过测温孔的测温判断,方可进行破壁。

4) 温度监测

设置 8 个测温孔监测冻结温度场,为判断盾尾刷更换时机提供依据。C1、C3、C5、C7 测温孔中各布设两个测温点,C2、C4、C6、C8 中各布设 6 个测温点,直接打入底端密封的钢管作测温孔。

5) 管路和管片的保温

针对冻结管、液氮主管、液氮进夜管以及回气管的保温,对管路包裹阻燃保温管或保温板,以减少冷量损失,节省液氮的用量;针对隧道管片的保温,在冻结壁附近隧道管片内侧敷设保温层,敷设范围至设计冻结壁边界外 2 m。保温层采用阻燃(或难燃)的软质塑料泡沫软板,厚度 20 mm,导热系数不大于 0.04 W/(m·K),塑料软板外喷 30 mm 厚的发泡聚氨酯保温层。同时,在管片与保温层之间,铺设冷冻排管,防止因隧道通风致使管片与冻土交界面温度升高。

6) 冻结封水、更换盾尾刷具备的条件

(1) 液氮冻结时间达到或超过 7 d,液氮冻结效果达到设计要求。

(2) 根据测温孔测温推测冻结壁有效厚度达到设计要求 1 800 mm,冻结壁有效冻土平均温度要达到 −15℃以下。

(3) 测温孔温度达到零度以下。

(4) 施工应急预案完善,并具有可操作性。

(5) 盾尾刷更换之前,在第 3 列盾尾刷附近管片位置分别开两个探测观察孔,无水流出。

7) 强制解冻措施

盾尾刷更换完成后利用冻结管和管片处冷冻排管进行热水循环,实施强制解冻。在隧道内安放热水槽,采用电热法提供 60℃以上热水,盾尾刷更换完成,使盾尾外壳周围解冻后方可进行盾构推进。

8) 冻结系统安装

冻结孔液氮冻结共分 8 组,分组原则要求每组的冻结孔管长度基本相近。液氮供用槽车可布置在工作面处,直接进行冻结,用不锈钢管作为总排气管,引至地面 1 m 高以上。图 3-13 所示为液氮冻结施工示意图。

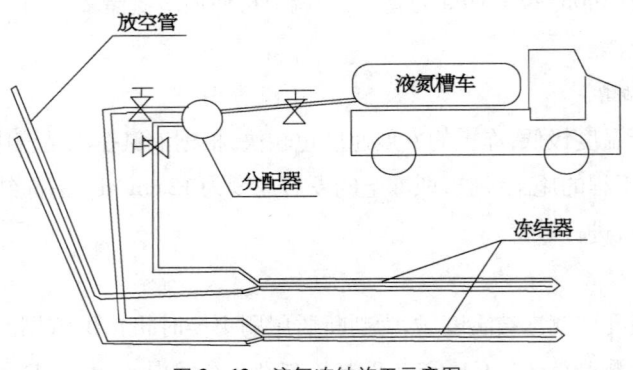

图 3-13 液氮冻结施工示意图

9) 液氮冻结施工技术参数

液氮冻结施工参数见表 3-3。

表 3-3 液氮冻结施工参数表

序号	参数名称	单位	数量	备注
1	冻结板块设计有效厚度	m	1.2/2.0	纵向有效厚度为 2.0 m,径向有效厚度 1.2 m
2	冻结板块设计平均温度	℃	≤-15	冻结壁与管片交界面≤-8℃
3	冻结交圈时间	d	5	
4	积极冻结时间	d	暂定 7	根据检测情况确定积极冻结时间
5	冻结孔个数	个	60	
6	测温孔个数	个	15	
7	冻结孔开孔间距	mm	600~700	
8	设计液氮罐出口氮气温度	℃	≤-150	
9	设计排气口氮气温度	℃	≤-80	
10	设计液氮罐出口压力	MPa	0.1~0.15	
11	设计排气口压力	MPa	0.05~0.1	
12	冻结管/测温孔规格	mm	$\phi 89 \times 8$	R304 不锈钢管
13	供液管/冷冻排管规格	mm	$\phi 32 \times 4$	R304 不锈钢管
14	冻结孔总长度	m	109.8	

(续表)

序号	参数名称	单位	数量	备注
15	测温孔总长度	m	18.20	
16	冷冻排管总长度	m	250.699	
17	冻土预计发展速度	mm/d	120.0	向一侧发展
18	液氮需求量	t	2 189.663	

3.4.3 冻结孔施工

(1) 冻结孔施工要点。

根据地勘报告,盾构机所处地层有④1粉细砂、④3粉细砂、⑤2砾砂、⑥1卵石。地下水压力较大,在冻结孔施工过程中易出现喷水涌砂现象。冻结孔施工是工程中的难点。在冻结孔施工过程中,要高度重视,做好各种防止喷水流砂防患措施。在冻结孔施工之前,对施工人员进行安全技术交底,在思想上提高认识,开孔时要采取二次开孔施工方法,第一次不开穿管片(留100～150 mm不开通),第二次开穿管片时要在装好球阀后在球阀内开孔,冻结孔钻进时一定要装好孔口密封装置。

(2) 冻结孔施工方法。

冻结孔施工工序为:定位开孔及孔口管安装→孔口装置安装→钻孔→测量→封闭孔底部→打压试验。

放样定孔位:按冻结孔施工图进行冻结孔孔位放线,放样过程中要注意:孔位布置首先要注意管片配筋图和钢管片加强筋的位置,在避开主筋的前提下可适当调整,孔位偏差一般不应大于100 mm。

开孔及孔口管安装:用开孔器(配金刚石钻头取芯)按设计角度开孔,开孔直径100 mm,当开到深度450 mm时停止钻进,以不钻穿管片控制,安装孔口管;孔口管的安装方法为:首先将孔口处凿平,安好八个膨胀螺钉,而后在孔口管的鱼鳞扣上缠好麻丝或棉丝等密封物并涂上水泥浆,将孔口管砸进去,用膨胀螺钉将孔口管固定牢固;装上DN100球阀,再将球阀打开,用开孔器从球阀内开孔,开孔直径为93 mm,贯穿混凝土管片,开通管片以后及时关好阀门。

(3) 孔口装置安装。

用螺钉将孔口装置装在球阀上,注意加好密封垫片。孔口装置见图3-14所示。

(4) 冻结壁钻进与冻结孔设置。

钻孔设备使用MD-80钻机两台,配用BW250型泥浆泵,钻具利用 $\phi 89 \times 8$ mm冻结管作钻杆。由于所处地层为砂砾层,钻进过程中,为防止钻进中返砂,在钻头部位安装一个特制单向阀门。冻结管到达设计深度后冲洗单向阀,并密封冻结管端部。钻进过程中严格监

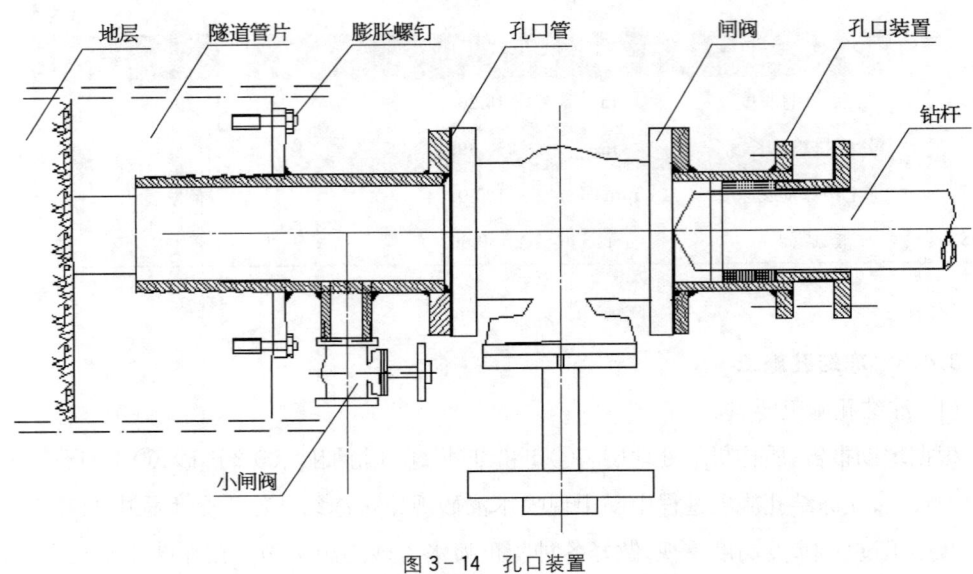

图 3-14 孔口装置

测偏斜情况,发现偏斜要及时纠偏,下好冻结管后,进行冻结管长度的复测,然后进行测斜并绘制钻孔偏斜图。冻结管长度和偏斜合格后,焊接冻结管端盖,在冻结管内下供液管,在端部焊接回液管。冻结管安装完毕后,注水泥浆密封冻结管与管片之间的间隙。

(5) 冻结管接头型式。

冻结管之间采用螺纹加焊接连接方法,接头螺纹紧固后再用手工电弧焊焊接,确保其同心度和焊接强度。用经验丰富的电焊工进行焊接施工,确保焊接质量。

(6) 打压试验。

封闭好孔口用手压泵打水到孔内,压力控制在 0.5 MPa 以上,30 min 允许降压 0.05 MPa,后稳定 15 min 压力无变化者为试压合格。

(7) 钻孔倾斜和终孔间距(冻结孔角度控制)。

采用经纬仪和水准仪监测开孔前和钻孔时的上下仰俯角及方位角,如发现钻孔偏斜超过设计要求,考虑地压大、摩擦力大等因素,冻结孔无法拔出,应在超设计的孔间距之间打一个补孔,以保证终孔间距不大于设计要求。

(8) 在承压水地层冻结孔施工措施。

① 冻结孔开孔位置离管片缝不得小于 200 mm。

② 孔口管要用不少于 8 个膨胀螺钉牢固固定在管片上,8 个膨胀螺钉用水泥浇筑连接成一个整体。孔口管上鱼鳞扣上缠好麻丝或棉丝等密封物并涂上水泥浆,保证孔口管和管片接触密封性。

③ 采用二次开孔方式,第一次留 50~100 mm 不开通,装上球阀后,在球阀内将管片开

通,出现涌水涌砂时立即关上球阀。

④ 钻孔时一定要装上密封装置,密封盒内盘根要压密实,每完成一个冻结孔,在进行下一个冻结孔施工时要在密封盒内重新压上盘根。

⑤ 一个冻结孔施工完成以后,通过孔口管上的阀门对冻结孔进行注浆,封堵冻结管与管片之间缝隙。

⑥ 球阀拆除以后,要用不小于6 mm钢板对冻结管与孔口管之间缝隙进行封堵。

⑦ 每次球阀拆除以后,要对球阀进行检修。对损坏的密封垫片进行更换。

⑧ 施工现场要配备双快水泥、水玻璃及棉纱等堵漏材料。

3.4.4 冻结管路安装

(1) 冻结管路安装。

冻结管施工完成并验收合格合,然后用7 mm钢板将冻结管端部封密,在冻结管内下供液管,在端部焊接回液管。供液管及回液管均为$\phi 32\times 4$ mm不锈钢无缝钢管,冻结管每3~4个串联络为一组,为17组,冷排7组,总共分为24组。配液管为$\phi 102\times 6$ mm不锈钢无缝钢管,配液管与液氮储罐用不锈钢软管连接,并用低温液氮阀门控制。配液圈与各组冻结孔用不锈钢软管连接,管路用低温液氮阀门控制。管路连接好后,对所有暴露冻结管路及管片冻结区域用保温板保温。上述工作完成后进行积极冻结。积极冻结期间按要求控制好各种冻结参数。并做好测温工作。冻结器结构如图3-15所示。

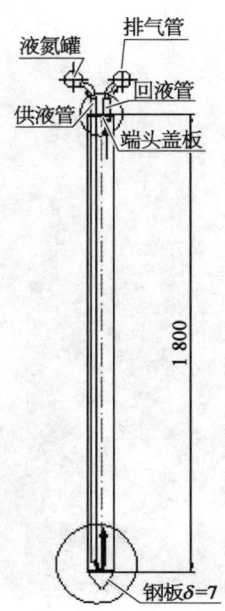

图3-15 冷冻器结构示意图

各组氮气排出口用不锈钢软管连接到总排气管,总排气管为不锈钢管,由总排气管把各组出气口氮气引出隧道外。

冻结孔钻孔特征及串联分组见表3-4。

表3-4　冻结孔钻孔特征及串联分组表

组编号	冻结管编号	长度(m)	组编号	冻结管编号	长度(m)	组编号	冻结管编号	长度(m)
A	A1—A3	1.8	G	G1—G4	1.8	N	N1—N4	1.8
B	B1—B3	1.8	H	H1—H4	1.8	P	P1—P3	1.8
C	C1—C3	1.8	J	J1—J4	1.8	Q	Q1—Q4	1.8
D	D1—D3	1.8	K	K1—K3	1.8	R	R1—R4	1.8
E	E1—E3	1.8	L	L1—L4	1.8	S	S1—S3	1.8
F	F1—F4	1.8	M	M1—M4	1.8	合计	61个	109.8

采用两个液氮车同时供液,液氮车出气口与配液管之间用 $\phi 127 \times 6$ mm 不锈钢软管连接。分两组配液管,配液管为 $\phi 102 \times 6$ mm 不锈钢管,两组配液管沿隧道环形布置,每个配液管上安装12个低温阀门,用 $\phi 32 \times 4$ mm 不锈钢软管与各组冻结管相接,用于冻结管及冷冻排管供应氮气。各组冻结管及冷冻排管排气口用 $\phi 32 \times 4$ mm 不锈钢软管与 $\phi 127 \times 6$ mm 不锈钢排气管连接,把氮气排出隧道外。液氮冻结供氮管路如图3-16所示。

图3-16　液氮供气管路

(2) 冻结系统严密性试验。

冻结系统安装完成后,需对整个冻结系统进行严密性试验,试验结果达标后方可进入液氮积极冷冻阶段。

3.4.5 冻结期温度监测

1) 监测目的

施工监控量测是施工决策与管理的信息源与控制对象,它对于城市轨道交通安全施工极其重要,监控量测要做到安全、经济、快速,其运行状态与质量直接关系着工程的安全与质量。

冻结期温度监测目的是掌握盾尾刷更换前冻结壁中土体温度、冻土壁温度场的变化规律,液氮进出口温度,推算冻土的发展速度、冻结壁的平均温度,判断盾尾刷更换时机,确保盾尾刷顺利更换,盾构按计划顺利推进,及时反馈监测信息,做到信息化施工。

2) 测点布置原则

(1) 测点数量的确定应该结合工程性质、地质条件、设计要求、施工特点等因素综合考虑。

(2) 表面变形测点的位置既要考虑反映监测对象的变形特征,又要便于采用仪器进行观测,还要有利于测点的保护。

(3) 测点在施工过程中若遭到破坏,应该尽快在原来位置或靠近原来位置补设测点,以保证该点观测数据的连续性。

(4) 采用的监测仪器必须满足精度要求且在有效的检校期限内,采用方法必须准确、监测频率必须适当,符合设计和规范规程的要求,能及时准确提供数据,满足信息化施工的要求。

3) 监测项目

为了保证冻土壁的安全和有效,必须实时掌握相关的各种参数。实时监控包括冻结加固范围内温度场,冻结孔去回路温度的变化,及时反馈施工信息,修正设计偏差,保证施工安全。冻结过程中温度测试不仅可掌握冻土的扩展速度、冻土壁厚度、冻土平均温度,还能为确定盾尾刷更换开始时间提供重要依据。

冻结工程中温度场监测包含三个部分:

① 冻结孔去回路液氮温度和压力监测;

② 测温孔内温度监测;

③ 管片更换期间盾体温度监测。

盾尾刷更换液氮冻结工程监测项目见表 3-5。

表 3-5 监测项目一览表

监测项目	测点数量及测点布设	监测仪器设备
冻结孔去回路液氮温度和压力监测	18 个测点(去路一个、每组回路一个计 17 个)	配套采集仪
测温孔温度监测	共计 15 孔,58 个测点。盾尾前方测温孔(T1、T3、T5、T7、T9、T11、T13、T15)中每孔设 2 个测点分别位于盾体附近和管片中靠近盾体一侧 20 cm 处;盾尾后方测温孔(T2、T4、T6、T8、T10、T12、T14)中每孔设 6 个测点,其中第一个测点位于管片中靠近外侧 20 cm 处,第二个测点位于管片与土体界面处,第三至六个测点分别距离管片 300 mm、600 mm、1 000 mm、1 400 mm	
管片更换期间盾体温度监测	每块管片 4 排共 20 个测点	红外温度计或采集仪

按照设计要求,各测温孔位置如图 3-17 所示。

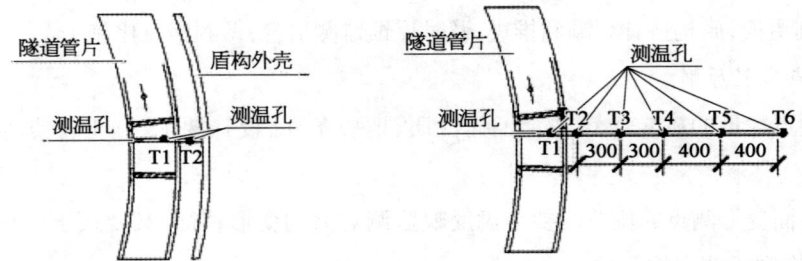

(a) T1、T3、T5、T7、T9、T11、T13、T15 测温孔;(b) T2、T4、T6、T8、T10、T12、T14 测温孔

图 3-17 各测温孔中测点布设位置图

4) 去回路液氮温度和压力监测

(1) 测点布设。

为了及时了解去回路液氮管内的温度变化机压力情况,在冻结过程中对去回路液氮温度进行监测,包括总管去、各回路液氮温度(17 组)和压力进行监测。

(2) 布设方法。

液氮温度监测点设在管路表面用胶带或其他材料固定,在各管路口安装压力表。

(3) 监测方法。

采用热电偶进行去回路液氮温度的监测;测量之前对每组热电偶进行标定,标定系数用于温度测量时的换算;测量结束后,将测值换算成温度;压力通过压力表直接读出。

5) 测温孔温度监测

(1) 测点布设。

盾尾前方测温孔(T1、T3、T5、T7、T9、T11、T13、T15)中每孔设 2 个测点分别位于盾体附近和管片中靠近盾体一侧 20 cm 处;盾尾后方测温孔(T2、T4、T6、T8、T10、T12、T14)中每孔设 6 个测点,其中第一个测点位于管片中靠近外侧 20 cm 处,第二个测点位于管片与土体界面处,第三至六个测点分别距离管片 300 mm、600 mm、1 000 mm、1 400 mm。

(2) 布设方法。

测温孔管材选用 $\phi 89\times 8$ mm 的 20# 低碳钢无缝钢管,将管材按照设计的角度用钻孔方法埋设,打设测温管时应校准测温管的偏斜角度,同时严格控制测温孔的入土深度。将热电偶绑扎在细钢筋或竹竿上,送入测温孔中相应的测温位置,并固定。

(3) 监测方法。

本工程均采用热电偶进行测温,监测之前对每组热电偶进行标定,标定系数用于温度测量时的换算。再根据测温孔实测数据,推算出冻土发展速度及在该冻结时间内的冻土发展半径,从而算出冻结壁厚度,得出冻结壁平均温度,若各个层位、部位冻结帷幕的厚度和平均温度达到设计要求后,即可进行更换。

6) 盾体表面温度监测

盾尾刷更换期间,在已拆除的第 779 环管片盾壳位置布设测温点,以掌握焊接前后盾壳的温度变化,为确保盾尾刷焊接质量和防止冻结壁升温,是否需要采取、何时采取隔热措施提供依据。每块已拆管片范围布设 20 个测点,如图 3-18 所示。其中环向两点之间距离 1 m,纵向两点距离 0.5 m,其中第一~三排分别位于第一~三道盾尾刷断面处,第四排位于管片交界处。共计 60 个测点。

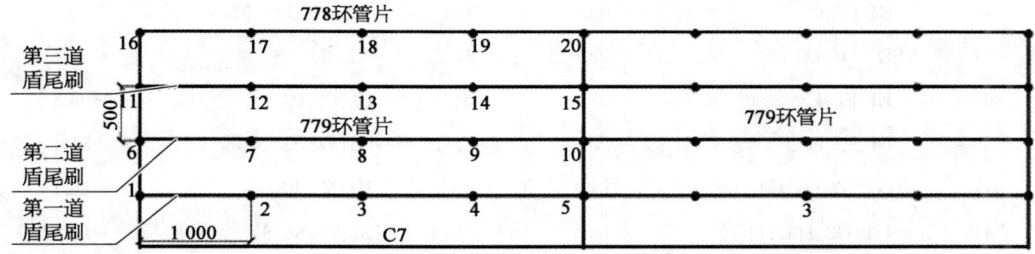

图 3-18 盾体测点布设图

监测方法:利用红外温度计直接测试开挖表面温度。

7) 监测频率及周期

所有监测项目(表 3-6)的正常监测频率均为 1 次/d,如有特殊情况增加监测频率。

表 3-6 监测频率及监测周期

监测项目	监测频率(次/d)	监测周期
去回路液氮温度和压力监测	1	冻结开始至解冻结束
测温孔温度监测	1	冻结开始至解冻结束
盾体表面温度监测	1	更换盾尾刷期间

注:变形监测频率可根据现场工况做适当调整。

8)监测仪器

本次监测使用仪器参见表3-7。

表3-7 监测仪器一览表

序 号	仪器名称及型号	精度	数 量
1	温度采集系统		一套
2	红外温度计	0.1℃	一台
3	温度传感器	0.2℃	若干
4	计算机及打印机		各一台
5	热电偶若干		若干

9)监测结果

(1)回路液氮温度(表3-8)。

表3-8 回路液氮监测温度

组号	对应冻结孔号	温度(℃)	组号	对应冻结孔号	温度(℃)
A	A1、A2、A3	-75.1	K	K1、K2、K3	-81.9
B	B1、B2	-99.5	L	L1、L2、L3、L4	-100.8
C	C1、C2、C3	-103.2	M	M1、M2、M3、M4	-96.1
D	D1、D2、D3	-92.9	N	N1、N2、N3、N4	-66.4
E	E1、E2、E3	-97.9	P	P1、P2、P3	-96.3
F	F1、F2、F3、F4	-90.8	Q	Q1、Q2、Q3、Q4	-81.1
G	G1、G2、G3、G4	-91.4	R	R1、R2、R3、R4	-86.1
H	H1、H2、H3、H4	-83.5	S	S1、S2、S3、S4	-92.9
J	J1、J2、J3、J4	-88.7			

(2)盾尾前端测温孔温度(表3-9)。

表3-9 盾构前端测温孔温度

孔 号	测温孔与冻结管最近距离(cm)	温度(℃)	
C1	85	C1-1 -1.5	C1-2 -4.6
C3	100	C3-1 -2.5	C3-2 -4.9
C5	92	C5-1 -10.9	C5-2 -17.4

(续表)

孔 号	测温孔与冻结管最近距离(cm)	温度(℃)	
C7	110	C7-1 −9.0	C7-2 −14.8
C9	80	C9-1 −27.5	C9-2 −36.6
C11	50	C11-1 −48.3	C11-2 −61.6
C13	100	C13-1 10.7	C13-2 −7.7
C15	50	C15-1 −36.4	C15-2 −45.2

(3) 盾尾后端测温孔温度(表3-10)。

表 3-10 盾尾后端测温孔温度

孔号	测温孔与冻结管最近距离(cm)	管片内侧到各测温点深度及其温度值(℃)					
C2	85	C2-1 6.0	C2-2 −8.8	C2-3 −16.6	C2-4 −20.5	C2-5 −21.0	C2-6 −17.1
C4	80	C4-1 −36.9	C4-2 −48.1	C4-3 −52.0	C4-4 −50.9	C4-5 −40.0	C4-6 −34.0
C6	60	C6-1 −54.8	C6-2 −56.9	C6-3 −58.5	C6-4 −58.7	C6-5 −56.6	C6-6 −50.1
C8	72	C8-1 −1.2	C8-2 −19.7	C8-3 −41.0	C8-4 −54.0	C8-5 −60.8	C8-6 −61.1
C10	60	C10-1 −35.8	C10-2 −51.7	C10-3 −59.0	C10-4 −60.3	C10-5 −57.2	C10-6 −51.7
C12	60	C12-1 −47.5	C12-2 −50.1	C12-3 −51.4	C12-4 −53.8	C12-5 −56.1	C12-6 −55.6
C14	75	C14-1 −16.6	C14-2 −36.6	C14-3 −57.2	C14-4 −59.2	C14-5 −60.3	C14-6 −55.9

(4) 结论分析。

根据目前监测分析,一共冻结21 d;实际冻结壁纵向厚度达4.62 m,超过设计冻结壁纵向厚度2.0 m;径向有效厚度也满足设计厚度1.4 m;盾体与管片胶合处冻结帷幕平均温度为-38.6℃,达到盾体与管片胶合处冻结帷幕平均温度为-8℃的要求;冻土壁平均温度为-56.7℃,达到冻土壁设计平均温度-15.0℃的要求。在拆除管片更换盾尾刷期间冻结情况良好,综上所述,冻结满足设计要求,确保了盾尾刷更换安全顺利。

3.4.6 盾尾刷更换

冻结法盾尾刷更换的工序与注浆法是完全相同的,具体可参见注浆法盾尾刷更换技术。

3.5 安全施工保证措施

3.5.1 作业平台搭设安全保证措施

(1) 选用标准扣件钢管脚手架材料和木板,木板对钻孔平台进行满铺。

(2) 根据盾尾拼装机间隙位置现场情况,需要切割脚手架钢管,切割过程中要注意防火安全,在切割机前段设置防火板,防止切割机火星点燃盾构机管路、线路从而引发火灾安全事故。

(3) 平台搭设人员,必须佩戴好安全帽,系好安全带,安全带系在牢固的地方,防止发生高处坠落事故。

3.5.2 钻孔施工安全保证措施

(1) 钻孔取芯机在管片钻进厚度不得超过50 cm,安装孔口阀门装置时设专人检查膨胀螺栓拧固情况。不得一次性将管片钻穿,防止发生涌水事故,现场备用木楔随时准备堵塞涌水冻结孔。

(2) 钻机接电设备,必须按照三级配电两级保护规范设置,防止在钻孔的过程中,带水作业时发生触电事故。

(3) 钻孔配合人员,收拾好钻孔作业周围不同规格的钻头和材料,防止掉落引起的发生坠物伤人事故。

(4) 施工隧道顶部冷冻孔时,钻孔人员必须佩戴防护眼镜,防止钻渣水泥浆溅入眼睛造成伤害。

3.5.3 冻结管路安装作业安全保证措施

(1) 液氮冻结所有管路为不锈钢管,焊接时,施工人员要佩戴好安全防护用品,确保焊接质量防止漏气。

(2) 不锈钢管焊机必须按照三级配电两级保护规范设置,接在第三级开关箱内,防止发生触电事故。

(3) 回路管路要高于人体高度,以免液氮浓度较高造成人身伤亡事故,在管路上设置"液氮冻结排气管,防止冻伤,小心挪动"安全警示标识。

(4) 所有暴露冻结管路用保温泡沫板或棉花保温,设置"液氮冻结供液管,危险,禁止触碰"安全警示标识。

3.5.4 液氮冻结施工安全保证措施

(1) 液氮冻结施工前,对所有进入隧道人员进行专项安全教育培训,下达安全技术交底,了解液氮特性及防液氮泄漏措施和液氮泄漏应急措施。

(2) 安装各类设备及检测仪表,并预留备件,液氮正常循环前应进行管路打压测渗漏检测,特别是要做好冻结管的耐压测试工作。

(3) 冻结系统管路首次充入液氮时,要使液氮以气体形式进入冻结系统管路,维持3~4 h的预冷时间,以避免各道焊缝因急冷造成脆裂渗漏,如果渗漏严重要及时停止供氮补焊处理,防止隧道内液氮浓度过高,造成人员窒息。

(4) 将每组通气管连接到排气合流器上,通过不锈钢排气管至二层隧道口上部,将氮气全部排放到空气中;由于液氮排放量较大且排放管路较长,为防止个别部位氮气泄漏,造成施工人员缺氧窒息,采用隧道通风系统不断向冷冻工作面处通新鲜空气。

(5) 对暴露的管路装置采用保温材料进行包裹,对管片内冻结管两侧内铺设保温层,检查冻结管及冻结壁管片附近是否有高温热源,及时进行隔离或者移走。

(6) 非液氮冻结施工工作人员和盾构机司机,一律不得进入液氮冻结区域。

(7) 在隧道内液氮冻结位置、液氮槽车、隧道最低等位置放置鸽子,作为活体试验;同时在冻结位置、液氮槽车附近、隧道最低位置放置煤油灯,测试氧气含量;一旦发现氧气含量低于报警临界值,立即通知液氮车值班人员调节供氮主阀门压力,确保隧道内氧气含量正常。

第4章

盾构刀具可视化检测技术装置

在常见的盾构施工过程中,往往面临着严酷的工况和复杂的地层条件。以纬三路过江隧道为例,该工程同时具有开挖面大;施工中承受的水土压力高(高达 0.8 MPa);地层条件复杂,盾构需穿越不同性质的岩层,可能存在不明障碍物;盾构水下一次掘进距离长,盾构施工周期长等特点。在这些条件共同影响下,刀具的磨损与检查是不可避免的。少量刀具出现磨损后,若不及时发现并将其更换,将会大大加速刀盘上其他刀具的磨损速率。同时,在水下隧道高水压、强渗透地层中进行刀具更换,其风险和难度极大。因此,开发一种无须开舱的刀具磨损检测系统,准确检测刀具过度磨损或异常磨损,准确确定适宜的换刀时间,既有利于施工安排和进行盾构的及时停机检修与故障处理,又可把由刀具磨损造成的经济和时间损失降至最低。采用盾构刀具可视化检测系统,可以打破在土压密封舱中长期存在的视觉盲区,使土压密封舱这一"黑匣子"变得透明起来,有利于工程技术人员高效、安全、经济地进行隧道的掘进施工。

盾构刀具可视化检测系统的研发设计思路主要是在调研国内外盾构刀具磨损检测方法的基础上,以南京纬三路过江通道为背景工程,形成复合地层中盾构刀具磨损可视化检测系统的技术。本系统研发以建立复合地层盾构刀具磨损可视化检测为主线,以纬三路过江通道工程建设过程中所面临的主要问题为背景,确定了系统研发路线。

4.1 盾构刀具可视化检测设计思路

4.1.1 系统功能与设计思路

盾构可视化系统结合钻孔电视的耐压防水摄像头结构设计特点与近景摄影测量技术,适用于盾构土压密封舱中实现可视、可测的专用检测系统;可以对滚刀损耗情况进行检查、部分精确量测、评估,实现对刀盘刀具的实时快速检查,减少盲目性,为换刀时机的选择提供最科学的依据。从工程实际的具体要求角度,可视化系统的具体功能包括:

(1) 可对刀盘背部滚刀进行高清晰摄像与摄影测量,分析评估滚刀磨损状况;

(2) 可对刀盘开口边缘进行摄影、录像与观察分析,分析评估刀盘磨损状况;

(3) 可对刀盘开口边缘处刮刀进行摄影、录像与观察分析,分析评估刮刀磨损状况;

(4) 可对工作面情况进行摄影、录像与观察分析,对存在的障碍物评估并为障碍物处理提供决策依据;

(5) 具有辅助照明或者自带照明装置;

(6) 具有定位冲洗的功能。

以此确定的基本路线图如图 4-1 所示。

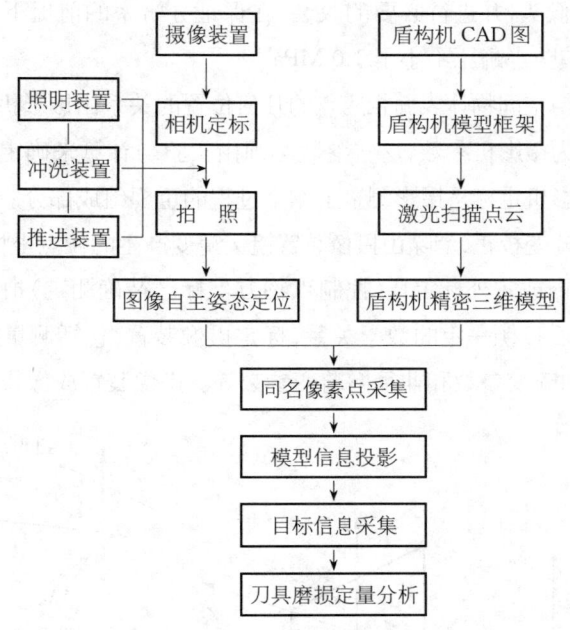

图 4-1 盾构机前舱设备可视化检测方案

研发过程的具体研究步骤包括:

(1) 根据盾构机的结构特点,研究专用摄像镜头的整体结构设计;

(2) 根据耐压参数要求研究摄像头整体部件的承压防水设计;

(3) 根据物距数据及检测范围完成摄像镜头的光学参数选型;

(4) 完成摄像镜头的照明光源的设计;

(5) 具备防水耐压能力的摄像镜头进退机构设计,满足摄像装置与土承压舱的对接要求;

(6) 数字化摄录主机系统的研制,完成基于摄影测量原理的影像特征提取与量测算法;

(7) 建立三维模型,实现虚拟可视化集成显示技术。

其中,主要攻克的关键技术包括:

(1) 研制专用的耐高压数字化影像摄录装置;

(2) 研制摄录系统与耐压舱的对接结构，以及满足耐压密封要求的前视和后视系统进退装置；

(3) 研制专用的数字化影像摄录系统，在复杂环境下通过数字化手段进行精、高、清成像；

(4) 实现虚拟可视化集成显示技术，开展刀具刀盘磨损情况定量分析。

4.1.2 系统关键技术

1) 耐高压摄像头研制与定标

选定了合适的摄像头，并进行必要的改装，在保证分辨率的前提下，满足耐高压耐侵蚀的要求，摄像镜头封装防水耐压不小于 1.0 MPa。

图像上点的位置与空间物体表面相应点的几何位置的关系由摄影机的几何模型所决定，该几何模型的参数称为摄影机参数，这些参数必须由实验与计算来确定，实验与计算的过程称为摄影机定标。摄影机定标是摄影测量工作全过程的重要组成部分。通过摄影机定标，可以对摄取的影像进行畸变校正，消除由摄像装置镜头畸变产生的像点坐标误差。使用数码摄像装置在高精度的室内或室外标定场(控制点物方坐标已精确测定)拍摄相片，并且高精度地量取像方坐标。然后按照一定的数学关系，标定摄像装置，包括测量摄像装置的主距，像主点坐标，镜头的径向畸变参数和非径向畸变参数等。摄像装置成像线性模型见图 4-2。

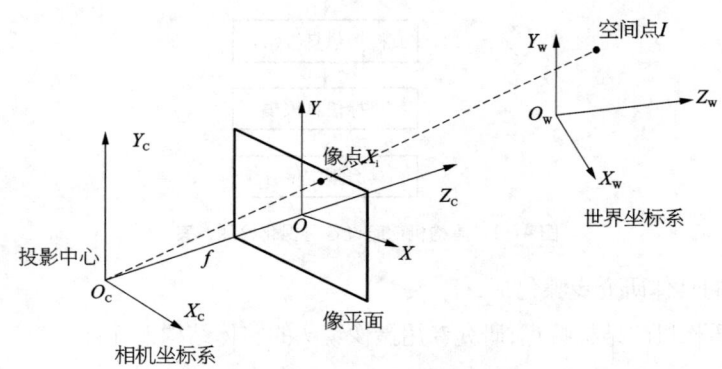

图 4-2 摄像装置成像线性模型

2) 前、后视耐高压摄像进退装置研制

后部可视系统，具备从刀盘后面对滚刀进行拍照并进行图像分析处理的能力，摄像拍照系统要自带照明系统，并要保证系统的密封性和耐高压能力。后部可视系统是结合盾构机自身构造，从盾构人闸前方气泡舱前壁进行后视系统的研究开发。盾构刀具后视可视化检测系统由气泡舱前隔板推出，从刀盘背面对刀具进行拍照成像，然后利用专门编制的图像处理软件对所得图像进行分析处理，并和刀具原始照片比较，确定刀具磨损情况，以便对需要更换的刀具进行及时处理。

盾构机自身构造决定了盾体内安装有各种各样的设备：盾体中心安装有刀盘驱动系统，该系统体积庞大，占据盾体半径的约三分之二，因此，整个气泡舱只有上部一个高约 2.5 m、长 1.8 m 的舱室可供利用。同时，该舱室前方和刀盘之间无其他设备阻挡，只要在该舱室前壁开孔后安装可成像设备就可对刀盘背部刀具进行成像观测，因此，后视系统的安装位置在上部人闸舱前部气泡舱的舱室内。

该舱室前壁预留三个安装球阀的圆孔：一个孔道安装照明设备，一个孔道安装冲洗装置，最下面孔道安装摄像系统。在圆孔位置焊接安装球角，设计一套密封性能良好的推进装置，把摄像头安装在推进装置定顶端，通过球角孔道推至孔道外端，利用安装的冲洗装置对刀具附着物冲洗，然后对刀具开始拍照成像。该系统简单易操作，弱点是只能对刀盘背部的滚刀成像，成像范围有限。

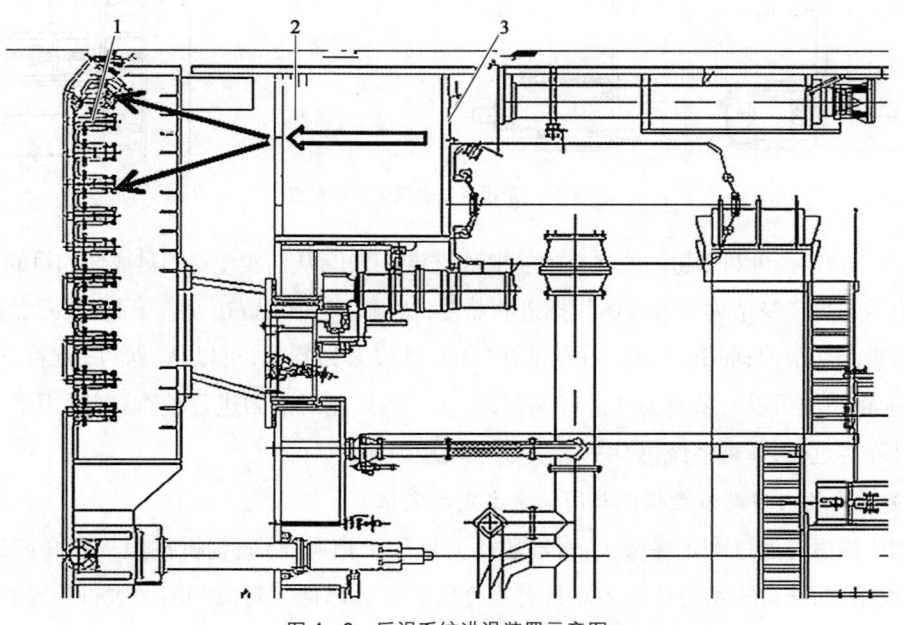

图 4-3　后视系统进退装置示意图

1—刀盘刀具；2—气泡舱前隔板；3—气泡舱后隔板

前部可视系统具备从刀盘正面、侧面摄像拍照能力，可以取得直观照片，根据摄像拍照图片直观地判断滚刀磨损情况。对于前部可视系统，考虑利用可伸缩推进装置，把前端安装有摄像头的推进装置由合适的位置推出，通过摄像头的转动从刀盘侧面对刀具进行拍照，对所成照片从直观上判断磨损情况，从而对刀具进行相应处理（图 4-4）。

该方案是利用超前注浆孔球阀，开发专用摄像推进装置，把摄像头推到刀盘辐条间隙，从刀盘正面对刀具进行成像，最大程度地观测刀具磨损情况。中心人闸位于盾构中心上方 2 m 左右，而且超前注浆孔中心所在圆周和中心人闸中心基本在同一个圆上，当超前注浆孔转至

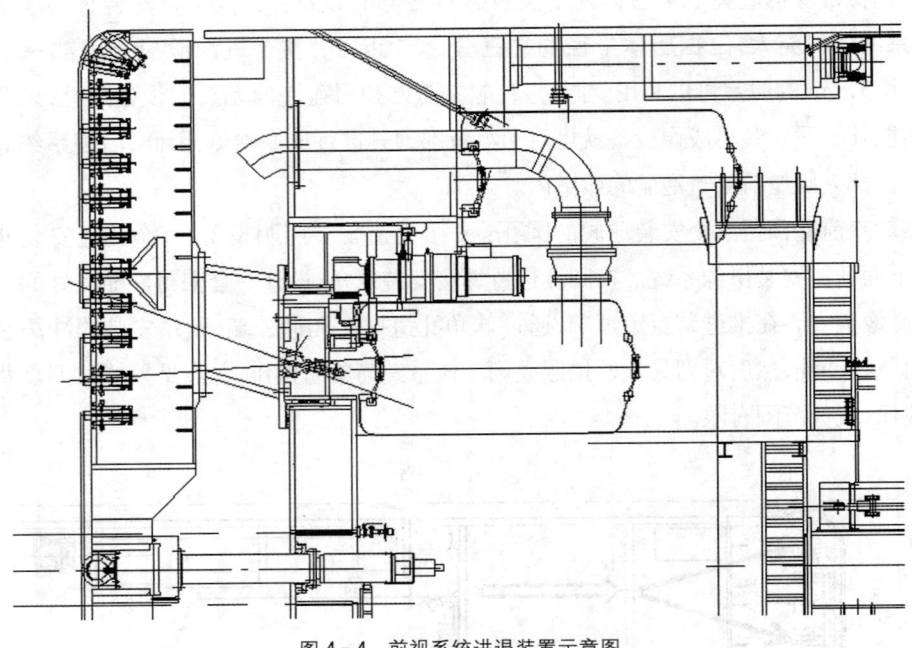

图 4-4 前视系统进退装置示意图

中心人闸前方时,可利用超前注浆孔把前视系统装置推出,从而实现对刀具成像的目的。

由于刀盘自身结构特点及盾构掘进的需要,切削刀全部布置在刀盘正面,从刀盘背面难以清晰观测切削刀;而滚刀刀箱后方是开口的,且滚刀为圆形,可以从刀盘后方看到成像。所以,前视系统可以对所有刀具进行检查,后视系统只能对滚刀进行检查;同时由于泥浆液面不可降至过低,前视系统仍有一部分刀具无法检查。

3)压力舱内刀具刀盘摄像与图像自主定姿定位

相片拍摄时通过固定摄像头,对准盾构刀片位置拍照,将盾构机按照一定角度进行旋转,再次拍照,获得一组刀片的多幅具有重叠度的立体影像。对检测图像进行特征检测,根据检测结果及盾构机部件的已知参数信息对检测影像进行精确定向,建立可量测立体影像对。恢复不同摄站上拍摄的图像位置和姿态是技术方案中的关键,决定着后续检测精度。因此,课题开展的过程中着重对图像自主定位定姿进行了研究。

基于摄影测量和计算机视觉等学科的技术,设计了图像自主定位定姿的技术路线:通过图像间匹配得到准确的连接点;利用连接点通过定向与光束法平差等技术,求得影像的位置与姿态;对于部分为定向成功的影像,利用单像定向技术进行定向,以保证定向的稳健性。定向所需的控制信息通过盾构机部件的制造参数推估。

4)实现虚拟可视化集成

从盾构机图像检测的原理出发,以盾构机的精密三维模型为检测基准,进行盾构机的摄影测量检测。基准的作用是为刀盘等的磨损情况提供一个原始对比,将发生磨损后的测量目标与刚出厂或者说未磨损的原始测量目标比较,得出测量信息。盾构机的精密三维模型制作,采用设计单位提供的 CAD 图纸,作为模型的基础框架设计基准,参考工厂车间采集的盾构机三维激光点云数据,进行细微调节,保证和真实盾构机实体的一致性,并结合拍摄的盾构机图像进行着色。

建立盾构机的精密三维模型后,将其与上一步获得的图像信息相结合,通过定向操作,获取由模型坐标到图像坐标的转换参数或者由图像到模型的转换参数。图像和模型的定向,需要在模型和图像上提取明显的特征点或特征线,用他们作为转化的基准数据。考虑到实际工作中的拍摄特点,定向可以是一种大角度的定向操作,采用 P4P 定向算法来实现定向操作,以解决一般算法的不收敛问题,即在模型和图像上分别选取同名点,存入模型和图像坐标文件,然后一次性读取这些文件,计算定向参数。

定向操作完成以后,获取由模型到图像的投影参数或矩阵,就可以将模型上的点投影到图像上。以刀盘的边缘检测为例,如果将模型上的刀盘的边缘投影到图像上,与图像上的刀盘边缘进行对比,就可以获取磨损信息,见图 4-5。

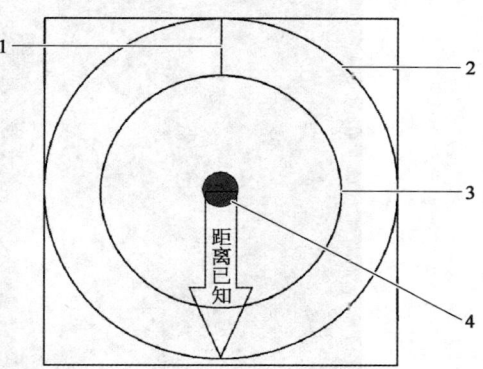

图 4-5　刀盘边缘检测原理示意图
1—磨损大小;2—投影边缘;3—图像上刀具边缘;4—中心轴

另外,通过还原摄像装置拍摄时的数学模型,可以采用同样的姿态和光路对模型做计算机视觉展示,其与摄像装置照片拍摄的目标物体范围、拍摄角度是完全相同的。通过图像与模型的视觉匹配,可以通过这样的对比,获取刀盘磨损的直观信息。

4.2　盾构机刀具可视化检测装置

4.2.1　摄影装置

为了适应盾构机的工作环境,系统当中的摄像头不仅需具有较高的性能,还需要进行必要的改装,以满足高像素、小畸变、稳定性能的要求。USB uEye SE 系列的摄像头采用高品质的工业级 CCD 和 CMOS 感光芯片,再加上保护外壳后达到了 IP65/IP67 防护等级,可以使用在多处恶劣环境,像素在 500 万以上。选定摄像头之后必须进行整体封装,封装要求为:首先,封装以后整体尺寸要小,太粗不能从舱前壁的球铰和球阀中伸出,太长则导致推进装置无法与舱壁顺利对接;同时,要能防泥水、耐高压(≥1.0 MPa)、耐侵蚀,并能在工作状态下实现自清洁功能等要求。

如图4-6所示为经封装后的摄像装置,利用安装筒将整个摄像装置进行密封,密封后的摄像装置通过连接头与气泡舱内的推进装置相连。如图4-7所示,密封的摄像装置主要由调焦头、摄像头、相机镜片和图像传感器构成。摄像头本体与定位板固定连接,同时定位板与定位调节座固定连接。安装筒的后端设有端盖。端盖的外端设有连接头,端盖的中心设有过线孔,供摄像机的数据线穿过。

图4-6 可视化系统所用摄像头

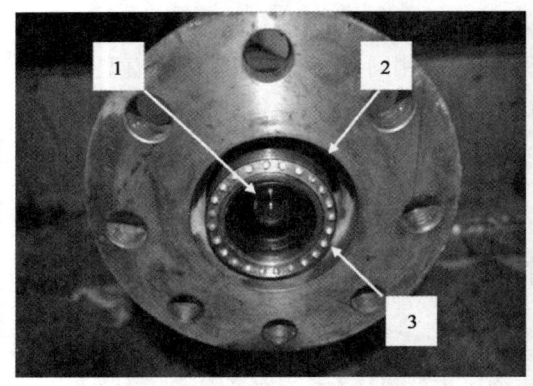 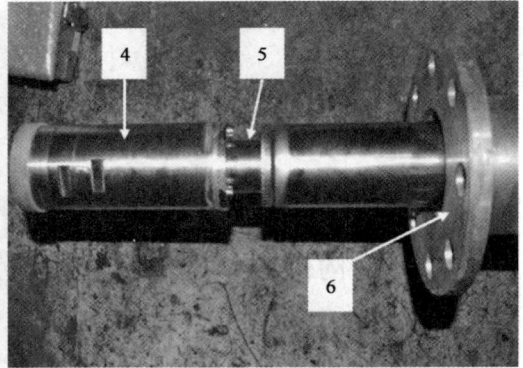

图4-7 可视化系统摄像装置实拍图

1—推进装置;2—LED灯;3—摄像头镜头;4—密封摄像装置;5—连接头;6—推进装置

如图4-6所示端盖与连接头之间设有密封垫片,密封垫片的一端延伸形成伸入连接头内的密封套,密封套内设有双孔过线密封套,实现数据线导出的同时保证其密封性。端盖、安装筒、连接套、调焦头的连接处设有O形圈。摄像头前端侧壁与调焦头前端内孔之间设有锥形密封圈。锥形密封圈的内圈、外圈分别与摄像头本体、调焦头接触配合;同时,摄像头内端通过定位调节座、摄像头定位板拉紧,从而使得摄像头本体前端侧壁与锥形密封圈紧密贴合,当外界的水压越大,锥形密封圈受压变形更大,密封效果也更好。

调焦头的前端设有环形凹槽,环形凹槽内设有环形电路基板,环形电路基板上均匀分布有若干 LED 灯珠。由于盾构机头部的刀架结构复杂,而且周围环境较暗,摄像头自带照明,保证拍摄的刀具照片清晰。

如图 4-7 所示,摄像头通过定位调节装柱调整方位。定位调节座呈柱状结构,它与安装筒之间过盈配合,其圆周设有连接平面,连接平面与定位调节座的轴线平行。连接平面上设有预留螺纹孔,摄像头定位板与连接平面螺栓连接定位调节座圆弧面上设有调节间隙,调节间隙与连接平面垂直。定位调节座上设有穿过调节间隙的调节螺栓,定位调节座的中心设有穿线孔。摄像头本体安装后,摄像头的轴线与整个安装筒的轴线需要保持良好的同轴度。可通过调节螺栓来改变调节间隙的大小,从而调节摄像头本体与安装筒的同轴度,以保证准确的观察刀具磨损情况。

4.2.2 推进装置

推进装置需要将封装的可视化系统推至预定位置,气泡舱可用空间高约 2.5 m,长约 1.8 m,舱室空间狭小,同时考虑与舱壁的对接装置的尺寸。设计可视化系统与舱前壁通过法兰与球阀连接,球铰与舱壁焊接,不用时可将球阀关闭,如图 4-8 所示。摄像装置内部定位调节座构造见图 4-9,可视化系统推进装置见图 4-10。

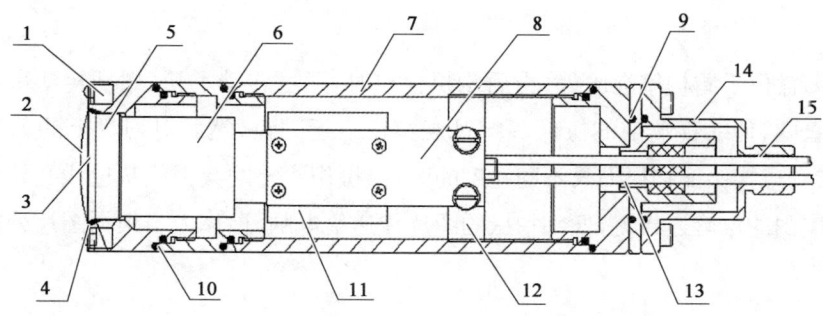

图 4-8 摄像装置内部整体构造示意图

1—环形凹槽;2—封装镜片;3—相机镜片;4—锥形密封;5—调焦头;6—摄像头;
7—安装筒;8—定位板;9—密封垫片;10—圆形密封;11—图像传感;
12—定位调节;13—过线孔;14—端盖;15—连接头

如图 4-11a 所示,整体的推进装置安装在盾构机气泡舱内壁的预留观察口处的连接座,连接座上设有球铰。导向管穿过球铰的球心,导向管的外端朝向观察口。导向管的内端通过球阀连接摄像头推进装置,导向管的内端外侧设有定位拉杆,定位拉杆一端与观察管铰接,定位拉杆的另一端与盾构机气泡舱内壁螺栓连接。

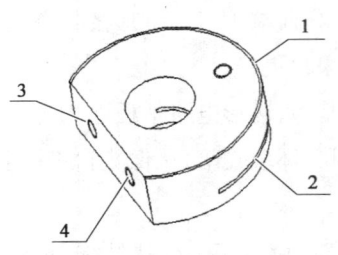

图 4-9 摄像装置内部定位调节
座构造示意图
1—调节螺栓；2—调节间隙；
3—预留螺纹孔；4—穿线孔

摄像头推进装置如图 4-11b 所示，包括连接管、螺杆、套设在螺杆上的伸缩管和螺杆外端设有的手轮等。连接管通过球阀与导向管连接，球阀能防止盾构机工作时气泡舱外的水分从导向管内进入气泡舱内。伸缩管在其朝向观察口的一端螺纹连接图 4-7 中封装好的摄像头，并用多层密封垫密封。转动手轮时，螺杆能带动伸缩管在连接管内伸缩，螺杆的中心设有穿线孔摄像头的数据线从穿线孔中穿出与电脑连接。连接管与导向管之间设置球阀。

图 4-10 可视化系统推进装置
1—球铰；2—球阀；3—摄像头推进装置

盾构刀盘位于盾构气泡舱外，当盾构机停机时，通过转动手轮，螺杆转动带动伸缩管伸入导向管内，伸缩管端部的摄像头穿过观察口靠近刀盘，然后对刀盘上的刀具进行拍照，通过转动球接头能拍摄刀具不同角度的图片，摄像头上的数据线从过线孔处穿出并与盾构气泡舱内的电脑连接，摄像头拍摄的图片传递给电脑，检修人员根据图片分析刀具的磨损情况。

4.2.3 冲洗装置

为保证冲洗装置在狭小的舱内安装使用，装置需要体积小，且轻便易于安装和操作，在能够冲洗刀盘和刀具的同时不致冲坏掌子面泥膜。

如图 4-12 所示，对刀盘内侧面冲洗时，刀盘内侧面到气泡舱壁的距离较近，一根钢管的长度可以满足冲洗要求。先转动手轮，使得夹管器移动到右立板处，然后把钢管装入夹管器和连接套之间，夹管扣夹紧钢管，然后转动手轮使得夹管器向右立板移动，钢管上带喷头的一段从连接套处推出伸入密封舱的刀盘，然后把水管与钢管上的管接头连接，实现对刀盘

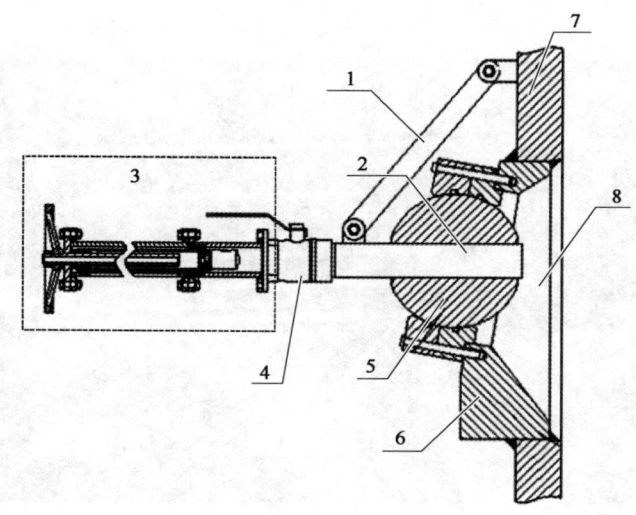

(a) 整体构造

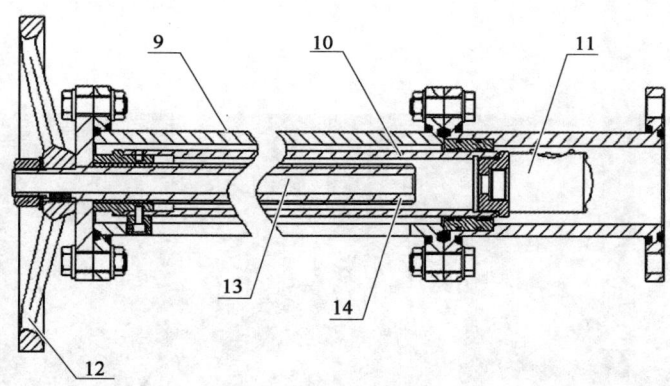

(b) 摄像头推进装置

图 4-11 推进装置内部构造

1—定位拉杆；2—导向管；3—摄像头推进装置；4—球阀；5—球铰；6—连接座；7—气泡舱内壁；8—观察口；
9—连接杆；10—伸缩管；11—密封的摄像装置；12—手轮；13—穿线孔；14—螺杆

的冲洗。通过转动球铰来调节冲洗角度。当需要对刀盘外侧面清洗时，由于刀盘外侧面距离较远，可根据实际情况接入多根钢管。

4.2.4 密封试验

为了保证推进装置、封装相机以及二者连接部位的密封，应对可视化系统的密封性进行充分试验。在室内模拟推进装置工作时的压力状况，试验时将推进装置中心的空心螺杆封堵，在推进装置工作时承压一侧施加气体压力。试验采用如图 4-13 所示的试验装置，为保证可视化系统工作时的安全性，在试验施加气体压力至工作气压的 1.4 倍作安全储备。若

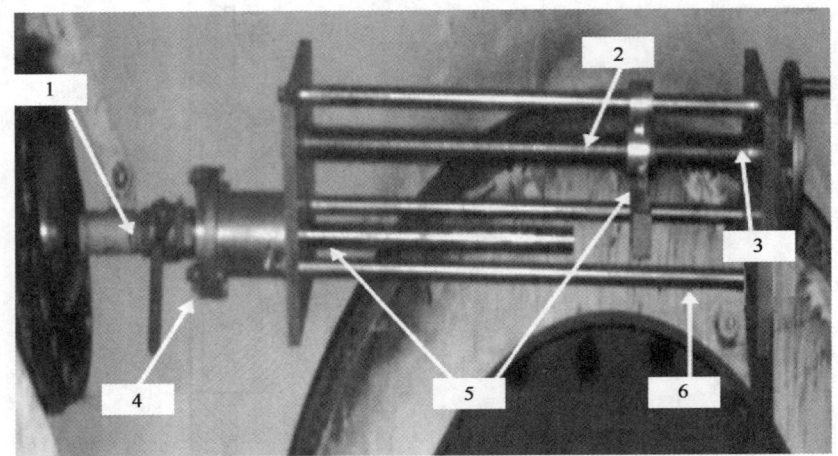

图 4-12 可视化系统冲洗装置
1—球铰；2—夹管器；3—手轮；4—左立板；5—钢管；6—右立板

图 4-13 VSY-C-300 型液压试验机

推进装置的密封性能良好，符合试验要求，则所施加气体的压力会保持在恒定的压力水平。同时，气体漏出时在水中形成气泡可以被很直观地看出。

  试验时，对推进装置施加 1.4 MPa 的气体压力，气压在 10 min 的试验时间内保持恒定，且承压腔及手轮中心管处均未见气泡，如图 4-14 所示。证明整体设备密封性能良好，满足工作需要。

图 4-14 试验对象的密封检查试验

第5章 盾构刀具磨损分析

本章结合泥水盾构隧道施工的工程特点,采用数字摄影测量技术,利用经过三维控制场标定的摄像装置采集盾构施工中刀具的影像数据,通过与盾构精密三维模型的定向操作,借助三维可视化平台和影像分析对刀具的磨损情况实现定量检测。

5.1 盾构精密三维模型构造

5.1.1 构建盾构模型的基础框架

利用盾构机厂方提供的 CAD 工程图纸,在 3DS MAX 三维模型制作平台下,完成基于工程图纸的初始三维模型的制作。模型制作采用构造立体几何法(constructive solid geometry,CSG)的模型构造方式。独立制作单刃滚刀、双刃滚刀、主刀、先行刀、仿形刀、中央刀具、推出滚刀和盾构刀盘骨架,然后将它们进行组装即可完成建模的初步效果。

表 5-1 是盾构机械建模时一部分体素特征的实现效果,建模过程中独立制作的特征体素主要有单刃滚刀、双刃滚刀、主刀、先行刀、仿形刀、中央刀具、推出滚刀和盾构刀盘骨架,分别创建了这些刀具和盾构体之后,将它们进行组装即可完成建模的初步效果,如图 5-1 所示。

表 5-1 CSG 建模体素效果

类别	工程图	数字模型
滚刀	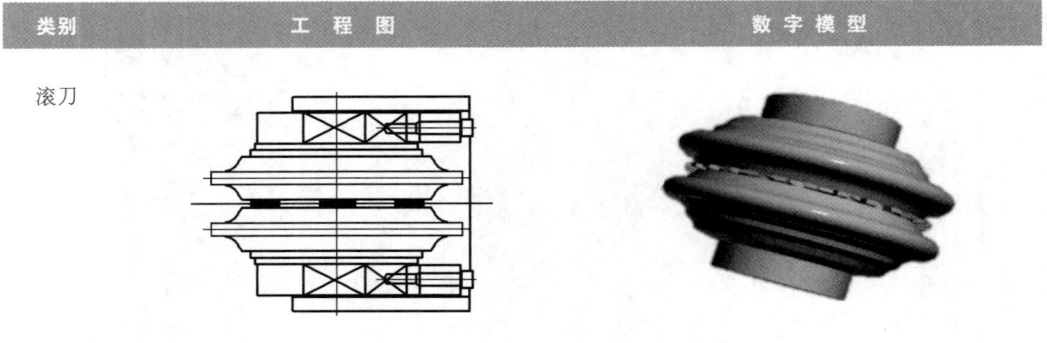	

(续表)

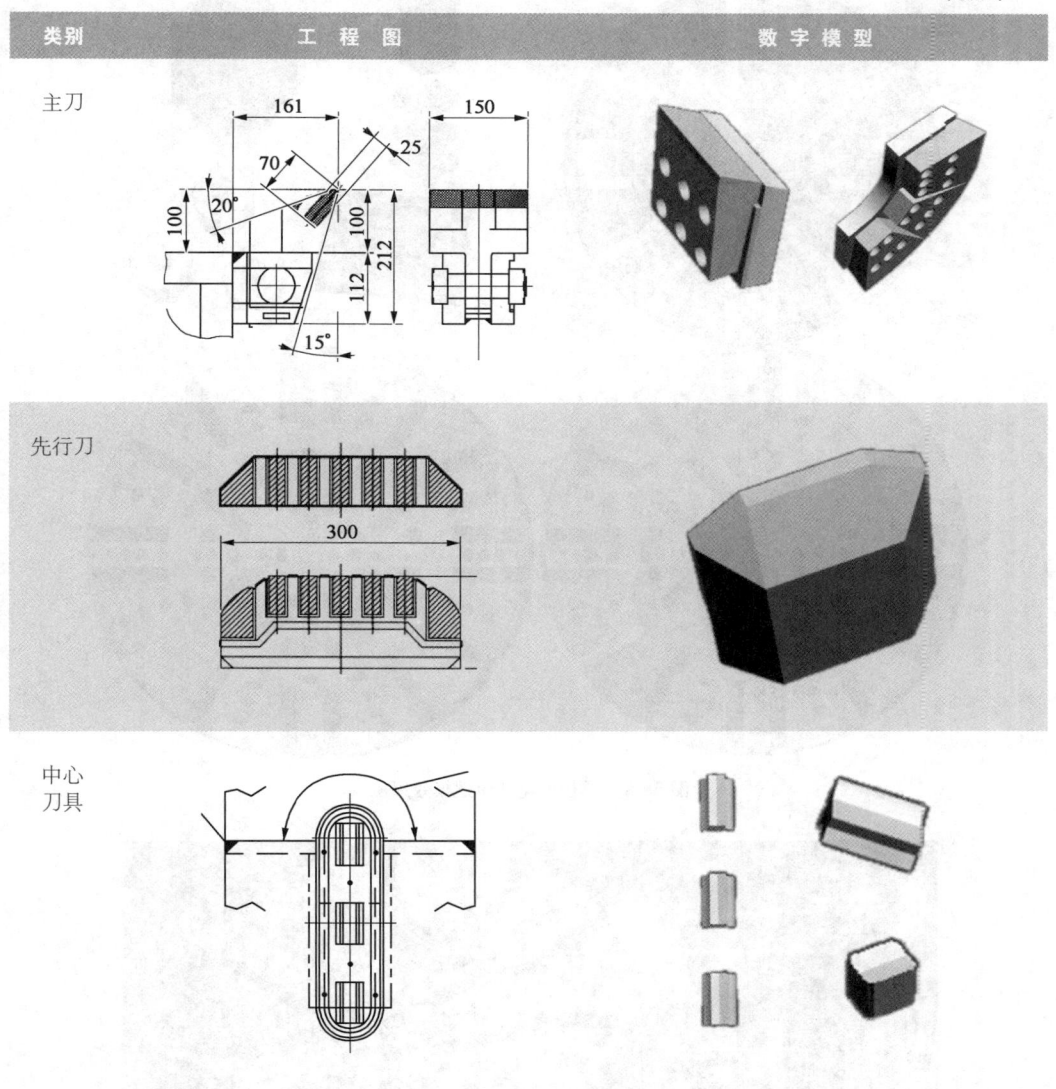

5.1.2 三维模型精细化处理

由于 CAD 设计图纸并非完全准确,而且制造过程中有些部分的切削、焊接和铆接并没有严格规定,因此盾构机模型的基础框架与组装完成的盾构机实体之间还有较大差异。必须对盾构机实体部件进行数据采集,用实体信息进行现有模型的调整和完善。在盾构机组装完成后,需采用三维激光扫描仪,对完成组装调试的盾构机进行全方位扫描。

采用 Faro 三维激光扫描仪,在盾构机的生产车间内,共设站 20 个,采集数据超过 20 GB,对完成组装调试的盾构机进行了全方位的扫描工作,如图 5-2、图 5-3 所示。

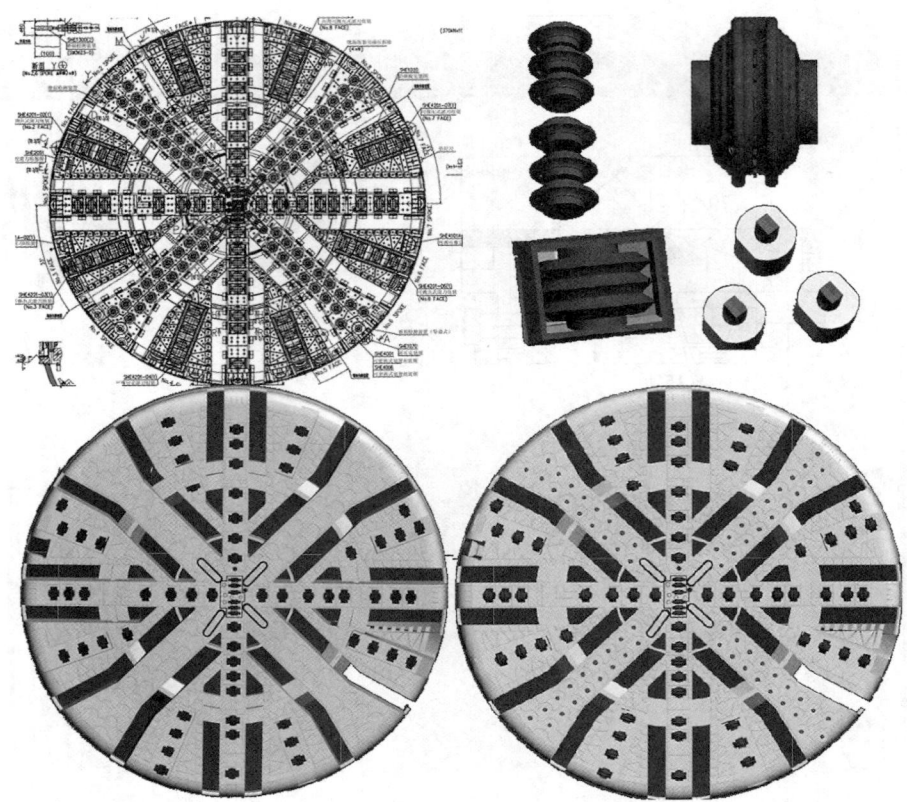

图 5-1 盾构刀盘初步建模效果图

图 5-2 扫描过程中某一站

图 5-3 某一站的扫描点云

点云扫描完成后,需要对不同站的点云进行滤波、拼接、分割、特征提取等操作,使不同站采集的点云归一化到统一的坐标系下,并通过点云旋转、平移,使其与模型坐标系得到统一,进而提取点云中的特征参数值。通过自行编写的点云处理程序,获取点云中包含的盾构机几何特征参数,如图 5-4 所示。

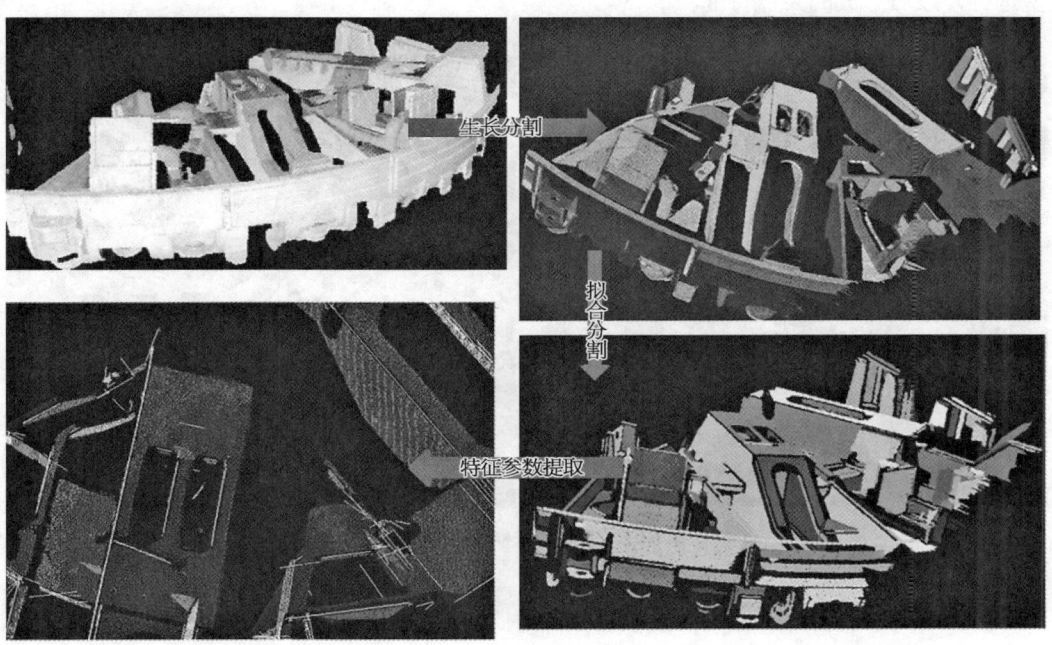

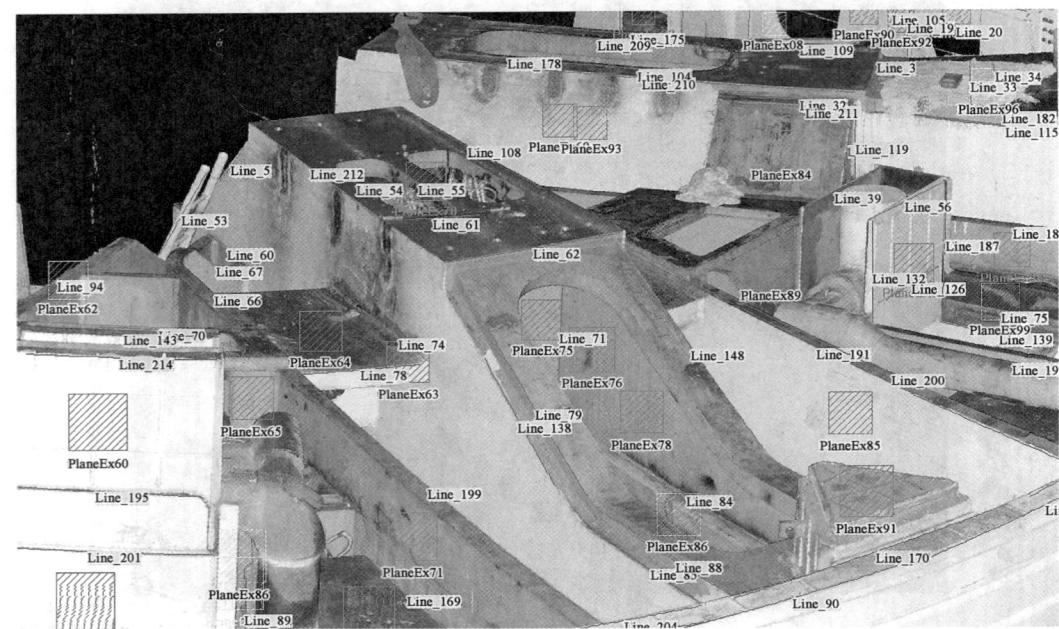

图 5-4 点云处理获取盾构机的几何特征参数

点云中几何参数提取完成以后,就可以利用这些几何参数值和点云本身,借助开发的 max 点云导入插件,将点云数据导入到建模软件之中,对初始三维模型进行修改和构建。最后完成精密三维模型的构建工作。图 5-5 是实验中根据提取出来的几何特征对盾构机模型进行修改后形成的刀盘特征。

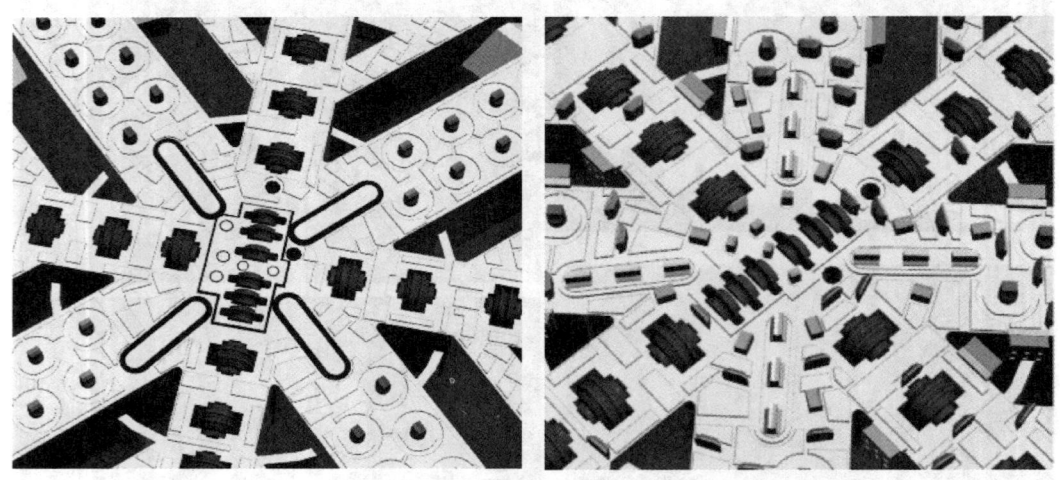

图 5-5 基于几何参数的模型完善

5.2 检测影像数据姿态解算

5.2.1 相机标定

在四个设站对室内高精度三维控制场进行摄影,用结构已知、高精度加工的标定尺作为空间参照物,使用直接线性变换(direct linear transformation, DLT)求解中心构想方程求得内参数矩阵 K。以求得的参数为初始值,考虑径向畸变和切向畸变,采用最小二乘法求解畸变参数 k_c。

图像坐标系和世界坐标系之间的关系如下:

$$Z_c \begin{bmatrix} u \\ v \\ 1 \end{bmatrix} = \begin{bmatrix} 1/dx & \gamma^1 & u_0 \\ 0 & 1/dy & v_0 \\ 0 & 0 & 1 \end{bmatrix} \begin{bmatrix} f & 0 & 0 & 0 \\ 0 & f & 0 & 0 \\ 0 & 0 & 1 & 0 \end{bmatrix} \begin{bmatrix} R & t \\ 0^T & 1 \end{bmatrix} \begin{bmatrix} X_w \\ Y_w \\ Z_w \\ 1 \end{bmatrix}$$

$$= \begin{bmatrix} f_u & \gamma & u_0 \\ 0 & f_v & v_0 \\ 0 & 0 & 1 \end{bmatrix} \begin{bmatrix} R & t \end{bmatrix} \begin{bmatrix} X_w \\ Y_w \\ Z_w \\ 1 \end{bmatrix} \tag{5-1}$$

令 $K = \begin{bmatrix} f_u & \gamma & u_0 \\ 0 & f_v & v_0 \\ 0 & 0 & 1 \end{bmatrix}$,则得到:

$$Z_c \begin{bmatrix} u \\ v \\ 1 \end{bmatrix} = K \begin{bmatrix} R & t \end{bmatrix} \begin{bmatrix} X_w \\ Y_w \\ Z_w \\ 1 \end{bmatrix} = P \begin{bmatrix} X_w \\ Y_w \\ Z_w \\ 1 \end{bmatrix} \tag{5-2}$$

其中,$[R;t]$ 为相机外参数矩阵,包括旋转矩阵 R 和平移向量 t;K 称为相机内参数矩阵;(u_0,v_0) 为主点坐标(或称为主点偏移);f_u、f_v 分别为图像 u 轴和 v 轴上的尺度因子;γ 是描述两图像坐标轴倾斜程度的参数;$P=K[R \quad t]$ 为 3×4 矩阵通常称为相机矩阵或投影矩阵。

由于相机光学系统存在加工和装配误差,相机的成像系统不能准确描述其几何成像关系,实际上会受到多种畸变的影响。因此建立相关的数学模型,非线性畸变一般为几何畸变,即物点在像平面上的成像会偏离理想位置,可用下式表示:

$$\begin{cases} x_d = x + \delta_x(x,y) \\ y_d = y + \delta_y(x,y) \end{cases} \tag{5-3}$$

其中，(x,y) 是图像点的理想位置，(x_d, y_d) 是受畸变影响后图像点的实际位置，$\delta_x(x,y)$ 是 x 方向上的总畸变，$\delta_y(x,y)$ 是 y 方向上的总畸变。

(1) 径向畸变。

镜头的畸变误差主要是径向轴对称畸变，径向畸变是由于镜片在加工误差造成的，其特点是像点的位置误差与它到光心的距离有关。

其畸变误差表示如下：

$$\begin{cases} \delta_x(x,y) = x(k_1(x^2+y^2) + k_2(x^2+y^2)^2) \\ \delta_y(x,y) = y(k_1(x^2+y^2) + k_2(x^2+y^2)^2) \end{cases} \tag{5-4}$$

(2) 切向畸变。

许多相机系统除径向轴对称畸变外，还存在非径向轴对称畸变，即切向畸变。切向畸变是由于透镜本身与成像平面不平行造成的，其误差可表示为：

$$\begin{cases} \delta_x(x,y) = x(p_2(3x^2+y^2) + 2p_1xy) \\ \delta_y(x,y) = y(p_1(3x^2+y^2) + 2p_2xy) \end{cases} \tag{5-5}$$

综上所述，典型的相机畸变模型如下：

$$\begin{cases} \delta_x(x,y) = x(k_1(x^2+y^2) + k_2(x^2+y^2)^2) \\ \qquad\qquad + (p_2(3x^2+y^2) + 2p_1xy) \\ \delta_y(x,y) = y(k_1(x^2+y^2) + k_2(x^2+y^2)^2) \\ \qquad\qquad + (p_1(3x^2+y^2) + 2p_2xy) \end{cases} \tag{5-6}$$

其中，右边的第一项是径向畸变，第二项是切向畸变，式中 k_1，k_2，p_1，p_2 称为非线性畸变参数，与前面所述的成像模型中的 K 矩阵组成了非线性相机模型的内部参数。

直接线性算法是由共线方程式推到而来的一种直接建立坐标仪坐标与物方空间坐标间的关系式的一种算法，计算中不需要内外方位元素的初值，计算速度快。共线方程及 DLT 方程如下：

$$\begin{cases} x + \delta x = -f \dfrac{a_1(X-X_s) + b_1(Y-Y_s) + c_1(Z-Z_s)}{a_3(X-X_s) + b_3(Y-Y_s) + c_3(Z-Z_s)} \\ y + \delta y = -f \dfrac{a_2(X-X_s) + b_2(Y-Y_s) + c_2(Z-Z_s)}{a_3(X-X_s) + b_3(Y-Y_s) + c_3(Z-Z_s)} \end{cases} \tag{5-7}$$

其中，x、y 为像点的像平面坐标；f 为影像的内方位元素；X、Y、Z 为物方点的物方空间坐标；X_s、Y_s、Z_s 为摄站点的物方空间坐标；a_i、b_i、c_i 为 3 个外方位角元素组成的 9 个方向余弦。

$$\begin{cases} x+\delta x+\dfrac{l_1 X+l_2 Y+l_3 Z+l_4}{l_9 X+l_{10} Y+l_{11} Z+1}=0 \\ y+\delta y+\dfrac{l_5 X+l_6 Y+l_7 Z+l_8}{l_9 X+l_{10} Y+l_{11} Z+1}=0 \end{cases} \quad (5-8)$$

其中，$l_i(i=1,2,3,\cdots,11)$ 是相机内外方为元素的表达式，(δ_x,δ_y) 是物镜畸变。该方程含 11 个未知数，故至少须 6 个控制点，才可解得 $l_i(i=1,2,3,\cdots,11)$ 和畸变参数。再考虑旋转矩阵的正交性质，利用下式可求得相机内参数，即得到相机内参数矩阵 K。

$$\begin{cases} x_0=-(l_1 l_9+l_2 l_{10}+l_3 l_{11})/(l_9^2+l_{10}^2+l_{11}^2) \\ y_0=-(l_5 l_9+l_6 l_{10}+l_7 l_{11})/(l_9^2+l_{10}^2+l_{11}^2) \\ f_x=-x_0^2+(l_1^2+l_2^2+l_3^2)/(l_9^2+l_{10}^2+l_{11}^2) \\ f_y=-y_0^2+(l_5^2+l_6^2+l_7^2)/(l_9^2+l_{10}^2+l_{11}^2) \end{cases} \quad (5-9)$$

$$K=\begin{bmatrix} f_u & 0 & x_0 \\ 0 & f_v & y_0 \\ 0 & 0 & 1 \end{bmatrix} \quad (5-10)$$

实验时在四个设站对室内高精度三维控制场进行摄影，如图 5-6 所示。

图 5-6 室内相机标定

摄像装置的检校参数为：主距 f，像主点坐标 (x_0, y_0)；畸变系数 $[k_1, k_2$（径向畸变系数）和 P_1, P_2（切向畸变系数）]。得到内参数矩阵 K 和畸变参数 k_c：

$$K = \begin{bmatrix} 5\,337.8 & 0 & 2\,824.6 \\ 0 & 5\,337.8 & 1\,874.5 \\ 0 & 0 & 1 \end{bmatrix} \quad (5-11)$$

$$k_c = [3.562 \times 10^{-9}, -1.580 \times 10^{-16}, -3.134 \times 10^{-8}, 1.456 \times 10^{-8}]$$

使用定标后的摄像装置内参数，求得的外方位元素，物方坐标真值依据共线条件方程推算像方点坐标；与实际量测的像方坐标经畸变改正后相比，中误差为 0.258 像素。

5.2.2 姿态解算

相机的参数矩阵 K 已通过相机标定得到，故可用 PNP（Perspective - N - Point）算法进行空间姿态计算，其依据任意 2D 点的可视角度和对应 3D 点的角度一样。采取 4 个控制点，即采用 P4P 算法。

一组 2D 和 3D 的对应点 $\{(\hat{x}_i, p_i)\}$，其中 $\hat{x}_i$ 是单位方向矢量，通过标定矩阵 K 的逆将 2D 像素测量值 x_i 变换为单位模长的 3D 方向矢量得到：

$$\hat{x}_i = N(K^{-1})x_i = k^{-1}x_i / \parallel K^{-1}x_i \parallel \quad (5-12)$$

未知量为从相机中心 c 到 3D 点 p_i 的距离 d_i，其中 $p_i = d_i\hat{x}_i + c$

由三角形 $\Delta(c, p_i, p_j)$ 余弦定理得：

$$f_{ij}(d_i, d_j) = d_i^2 + d_j^2 - 2d_id_jc_{ij} - d_{ij}^2 = 0 \quad (5-13)$$

其中，$c_{ij} = \cos\theta_{ij} = \hat{x}_i \cdot \hat{x}_j$，$d_{ij}^2 = \parallel p_i - p_j \parallel^2$。

组合其他约束 (f_{ij}, f_{ik}, f_{jk})，并消去 d_i, d_j 可得如下关于 d_i^2 的式子：

$$g_{ijk}(d_i^2) = a_4d_i^8 + a_3d_i^6 + a_2d_i^4 + a_1d_i^2 + a_0 = 0 \quad (5-14)$$

给定五个或者更多的对应点，我们可以产生 $(n-1)(n-2)/2$ 个三元组来得到 $(d_i^8, d_i^6, d_i^4, d_i^2)$ 的值的线性估计，用奇异值分解（singular value decomposition, SVD）方法实现。d_i^2 可以用连续两个估计的比率 d_i^{2n+2}/d_i^{2n} 来估计，然后通过平均来获得 d_i。

确定 d_i 后，可得到一系列尺度自由的点 $d_i\hat{x}_i$，然后通过 3D 点之间的刚体变换，可将其变换到对应的样本点 $\{p_i\}$，从而完成线性投影矩阵确定。

5.3　空间场景结构恢复

空间场景结构恢复的目标是从目标影像中提取出磨损后的边缘信息。很多情况下，由于盾构机的工作环境的限制,密闭高压的地层之下,没有光源的照射,图像采集只能依靠采集设备本身携带的光源。图像中噪声较多,且信息模糊不清,给信息提取带来了困难。

为提高提取刀具磨损后边缘信息的准确性,需要对图像进行锐化、直方图均衡、阈值分割和 Canny 边缘检测。

5.3.1 图像锐化

通过锐化处理突出本发明中由于光照不足被模糊了的特征。

梯度锐化:设图像为 $f(x, y)$,定义 $f(x, y)$ 在点 (x, y) 处的梯度矢量 $G[f(x, y)]$ 为:

$$G[f(x, y)] = \sqrt{\left(\frac{\partial f}{\partial x}\right)^2 + \left(\frac{\partial f}{\partial y}\right)^2} \tag{5-15}$$

由于是点光源的照射,会造成一定的扩散现象,由此引起的图像模糊。可以用下式来进行锐化:

$$g(i, j) = f(i, j) - k \nabla^2 f(i, j) \tag{5-16}$$

5.3.2 直方图均衡

直方图均衡目的是寻找一种算法,对图像变换后,使所有灰度层上的像素分布概率密度为 1。设原像素的灰度值为 $r(0 \leqslant r \leqslant 1)$,概率密度为 $p_r(r)$;经过变换后的像素灰度为 s,概率密度为 $p_s(s)$;变换函数为 $T(r)$,则有以下等式:

$$\begin{aligned} s &= T(r), \quad 0 \leqslant r \leqslant 1 \\ p_s(s) \mathrm{d}s &= p_r(r) \mathrm{d}r \end{aligned} \tag{5-17}$$

同时,必须满足如下条件:$T(r)$ 是单调递增函数,确保灰度的单值映射非反转;$0 \leqslant T(r) \leqslant 1$,确保经变换不会缩小灰度动态范围,令:

$$s = T(r) = \int_0^r p_r(w) \mathrm{d}w \tag{5-18}$$

则有:

$$\frac{\mathrm{d}s}{\mathrm{d}r} = \frac{\mathrm{d}T(r)}{\mathrm{d}r} = \frac{\mathrm{d}}{\mathrm{d}r} \left[\int_0^r p_r(w) \mathrm{d}w \right] = p_r(r) \tag{5-19}$$

$$p_s(s) = p_r(r) \left| \frac{\mathrm{d}r}{\mathrm{d}s} \right| = p_r(r) \left| \frac{1}{p_r(r)} \right| = 1; \quad 0 \leqslant s \leqslant 1 \tag{5-20}$$

变换后的概率密度函数为 1。以上是连续函数变换的公式,当应用于数字图像处理时,如果数字图像灰度有 L 阶,变为如下形式:

$$s_k = T(r_k) = \sum_{j=0}^k p_r(r_j) = \sum_{j=0}^k \frac{n_j}{n}; \quad k = 0, 1, 2, \cdots, L-1 \tag{5-21}$$

式中,k 代表数字图像的灰阶,n 代表总像素数,n_j 代表 j 灰度层上像素的个数,$p_r(r_j)$ 代表 j 灰度层上的概率密度,$T(r_k)$ 代表 k 灰度层上像素的变换函数,$s_k(0 \leqslant s_k \leqslant 1)$ 为最终的变化结果。最终变换后所得的灰度值为:

$$S_k = (L-1) \times s_k \tag{5-22}$$

5.3.3 阈值分割

图像处理的最终目的是提取边缘信息,分割算法并不是应用于整幅图像,而是从中选取出的目标区域,边缘存在的灰度等级的跃迁是阈值分割提取的理论基础。

使用不同的阈值化类型,来优化提取效果。

二进制阈值化:

$$dst(x,y) = \begin{cases} \max Val & if \quad src(x,y) > thresh \\ 0 & otherwise \end{cases} \tag{5-23}$$

截断阈值化:

$$dst(x,y) = \begin{cases} threshold & if \quad src(x,y) > thresh \\ src(x,y) & otherwise \end{cases} \tag{5-24}$$

式中,$src(x,y)$ 为像素点的灰度值,$dst(x,y)$ 为更新后的阈值,$thresh$ 为分割判定阈值,$threshold$ 为选定的阈值。

5.3.4 Canny 边缘检测

Canny 推出的最优边缘检测器的形状与高斯函数的一阶导数类似,利用二维高斯函数的对称性和可分解性,很容易就可以计算高斯函数在任一方向上的方向导数与图像的卷积。由于卷积运算可交换、可结合,故 Canny 算法首先采用二维高斯函数对图像进行平滑:

$$G(x,y) = \frac{1}{2\pi\sigma^2} \exp\left(-\frac{1}{2\sigma^2}(x^2+y^2)\right) \tag{5-25}$$

式中,σ 是高斯滤波器的参数,控制平滑的程度。

接着计算梯度的幅值和方向,利用一阶微分算子来计算平滑后图像各点处的梯度幅值和梯度方向,获得相应的梯度幅值 G 和梯度方向 θ。其中,点 (i,j) 处两个方向的偏导数 $G_x(i,j)$ 和 $G_y(i,j)$ 分别为:

$$\begin{aligned} G_x(x,j) &= (I(i,j+1) - I(i,j) + I(i+1,j+1) \\ &\quad - I(i+1,j))/2 \\ G_y(x,j) &= (I(i,j) - I(i+1,j) + I(i,j+1) \\ &\quad - I(i+1,j+1))/2 \end{aligned} \tag{5-26}$$

实验计算中对应于下面两个方向的卷积阵列：

$$G_x = \begin{bmatrix} -1 & 0 & +1 \\ -2 & 0 & +2 \\ -1 & 0 & +1 \end{bmatrix} \tag{5-27}$$

$$G_y = \begin{bmatrix} -1 & -2 & -1 \\ 0 & 0 & 0 \\ +1 & +2 & +1 \end{bmatrix} \tag{5-28}$$

可得，此点(i,j)处的梯度幅值和梯度方向分别为：

$$G(i,j) = \sqrt{G_x^2(i,j) + G_y^2(i,j)} \tag{5-29}$$

$$\theta(i,j) = \arctan\left(\frac{G_x(i,j)}{G_y(i,j)}\right) \tag{5-30}$$

然后进行排除非边缘像素，仅保留一些细线条（候选边缘）。为了精确定位边缘，必须细化梯度幅值图像 G 中的屋脊带，只保留幅值的局部极大值，即非极大值抑制。Canny 算法在梯度幅值 G 中以点(i,j)为中心 3×3 的邻域内沿梯度方向 $\theta(i,j)$ 进行插值，若点(i,j)处的梯度幅值 $G(i,j)$ 大于 $\theta(i,j)$ 方向上与其相邻的两个插值，则将点(i,j)标记为候选边缘点，反之则标记为非边缘点。

最后 Canny 使用了滞后阈值，滞后阈值需要两个阈值（高阈值和低阈值）：如果某一像素位置的幅值超过高阈值，该像素被保留为边缘像素；如果某一像素位置的幅值小于低阈值，该像素被排除；如果某一像素位置的幅值在两个阈值之间，该像素仅仅在连接到一个高于高阈值的像素时被保留。

5.4 盾构刀具可视化检测软件

盾构刀具可视化检测系统的图像检测平台是建立在 OSG、Opencv、GDI 及 PCL 等基础上，可以进行盾构精密三维模型的辅助重建和模型、检测图像的 Pose 解算、检测图像的处理、三维场景的重构和信息提取的全数字摄影测量系统。图像检测平台的数据基础是盾构机的精密三维模型和实时采集的目标检测图像，经过图像标定校正、位置姿态解算、空间场景重构之后形成虚拟空间信息，在虚拟空间内对磨损信息进行三维显示和采集；在模型和图像上提取明显的特征点或特征线，以此作为转化的基准数据，采用 P4P 定向算法来实现大角度的定向操作。在模型和图像上分别选取同名点，存入模型和图像坐标文件，然后一次性读取这些文件，计算定向参数。定向操作完成以后，测量到的信息以 OSG 图像对象的形式显示在三维平台中,并对磨损信息进行数值统计,获取磨损信息,包括:示意图、最大磨损值、磨损后平均半径和磨损中误差。

5.4.1 软件设计

盾构刀具可视化检测软件在设计时需要考虑各种数据源间的调动,数据的结合使用,软件功能的集合和软件模块的切换等。在具体的设计应用中,主要考虑了以下几个方面。

1) 数据索引——结构设计

数据结构关系如图 5-7 所示,可以对最初始的图像数据、模型数据、点云数据等不同数据进行各种处理。以图像为例,最开始的原始图形经过处理后得到增强图像,再通过提取操作得到边缘信息。由于图像并非单一,而是多图像的集合,必须要构建图像与和它对应的采集信息(包括边缘数值、定向参数等)的索引,使之成为可以随时调用的数据结构。

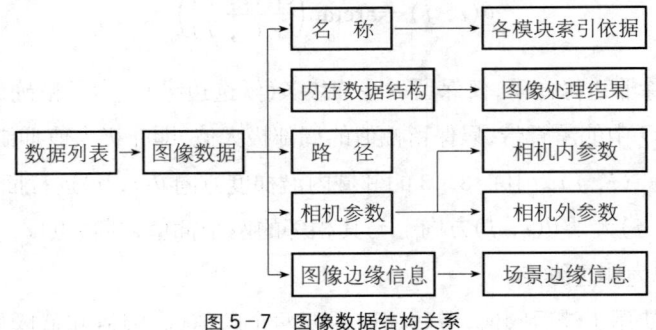

图 5-7 图像数据结构关系

定义五类数据结构,包括点云、模型、图像、边缘信息和最后统计得出的半径信息。这里仍然以图像数据为例,为了满足平台中各个模块的调用,采用自顶而下的数据设计,最上端是多图像结构的可扩展数组,数组中每一个单元对应一个图像及其索引信息。图像的索引信息又包括图像的名称、图像的路径、内存中图形本身、图像对应的相机的内外参数信息,同时最后还需要通过图像索引到其边缘信息。

图像边缘信息主要是通过图像上的二维坐标序列和三维场景中的三维坐标序列获取,模型信息和点云信息是内存结构与路径和名称的索引。

2) 视图方式设计

平台可以实现三维显示与信息提取,不同功能模块间具体的操作方式有所不同。提取控制信息时,使用者需要分别提取图像二维信息和模型上的三维信息,理论上最好可以进行双视图的显示。图像处理则主要集中在对图像本身的操作,纯图像模式即可。平台最终信息的提取模块,信息的变换和漫游则是单纯的三维视图关系。因此软件采用三种基本视图模式,即双视图模式、纯图像视图模式和纯三维视图模式。

三种视图依次切换,首先在双视图中提取控制信息;然后在图像视图中完成参数解算并通过图像处理提取边缘信息;最后在三维视图中进行视觉展示,并提取磨损数值。

3）分类功能设计

通过建立底层的数据结构及其索引关系,设计了合适的视图方式,就建立了平台设计的基础和框架。为了实现不同视图下平台所对应的功能,我们用分类实现的方法,独立实现这些功能,实际使用中在不同的需要下调动不同的功能即可。

软件功能划分如图5-8所示,主要的功能模块包括：定向功能、图像处理功能、三维视图图像变换与显示功能、缩略图及其索引功能、点云处理功能、三维场景漫游功能、三维控制信息选取功能、更新回调更能、资源树及其索引调用功能、信息提示功能等。这些功能大多是通过理论与算法的实现,图5-8仅就各功能的视图划分做出分类。

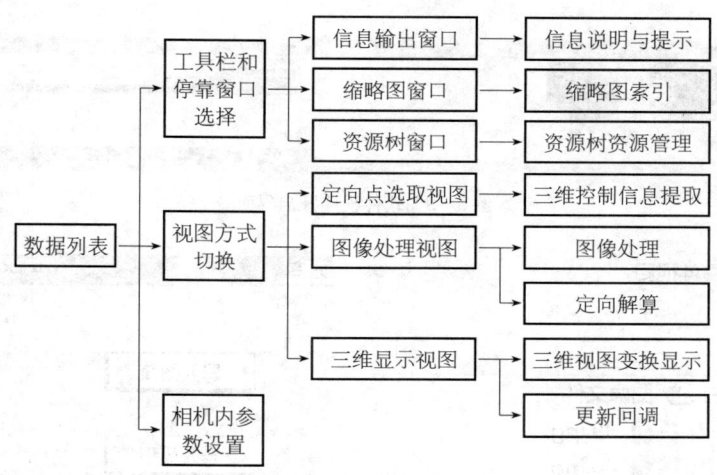

图 5-8　软件功能划分

5.4.2　软件功能与流程

软件的开启界面如图5-9所示,主界面由菜单栏、工具栏、主视图界面和四个停靠窗口组成,菜单栏和工具栏提供操作命令。停靠窗口分为方案窗口、文件列表窗口、输出窗口、图像列表窗口。

方案窗口：提供导入命令,分别导入各种类型的源文件。

文件列表窗口：提供导入的源文件的索引,以资源树的形式展示给客户。

输出窗口：提供软件运行状态的文字说明,并提示下一步的操作。

图像列表窗口：提供所有源图像的缩略图,并在其中响应打开操作。

四个停靠窗口的位置不固定,可以由客户自行设置。

数据读入和调用如图5-10所示。

数据读入：在方案窗口中,分别导入所需的模型与图像数据。

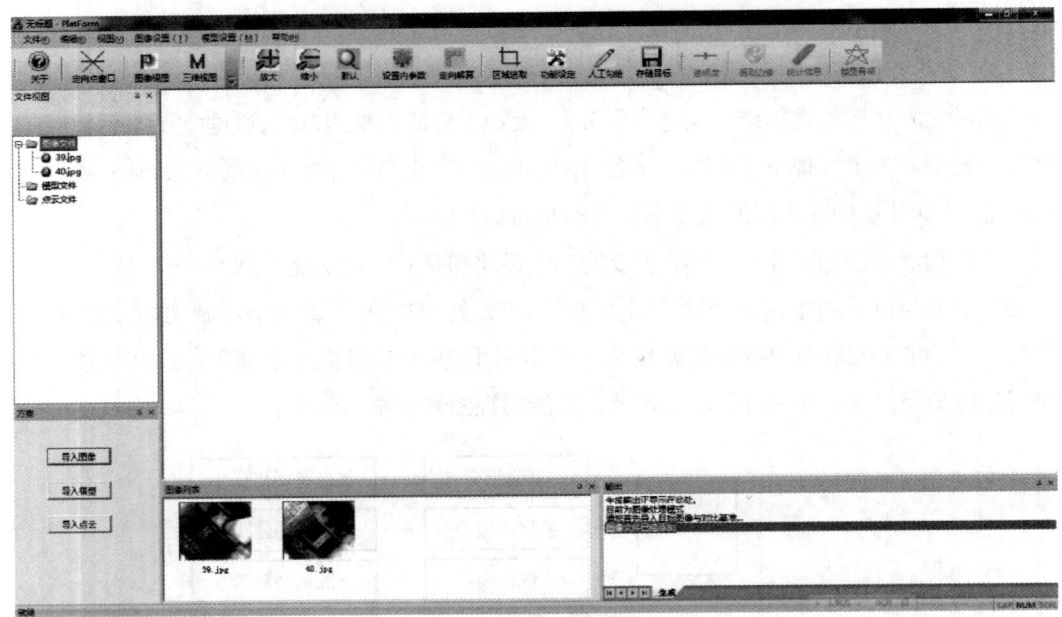

图 5-9 软件程序开启界面

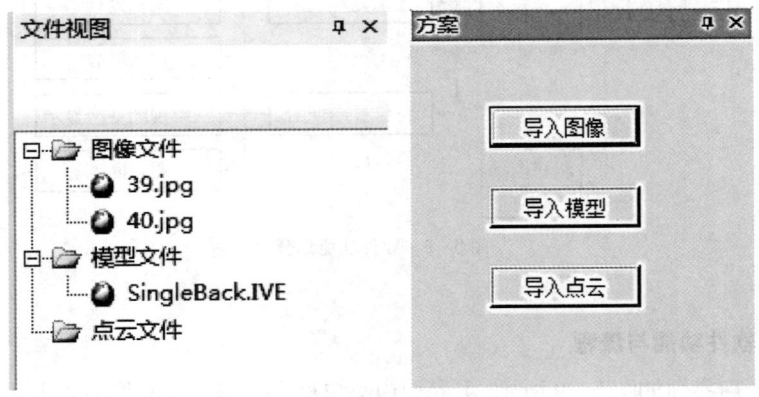

图 5-10 软件数据读入和调用界面

数据调用：通过打开图像\模型\点云实现。这个命令对树的每一个资源有效，在图像模式下它将打开图像，在三维视图模式下它将打开模型或者点云数据。

软件提供图像模型联合展示功能，这个命令仅在三维视图模式下点击命中图像资源时有效，使用的时候必须首先将模型打开，再调用此命令，它的作用是将模型和图像以拍摄的视角联合展示。

5.4.3 定向点采集界面

打开定向点采集界面，如图 5-11 所示。双击鼠标左键选点，对于图像初始时有一个浮动窗口随鼠标移动,浮动窗口中间的红色十字中心即为采集点。可调用放大\缩小命令,对图像进行放大\缩小。

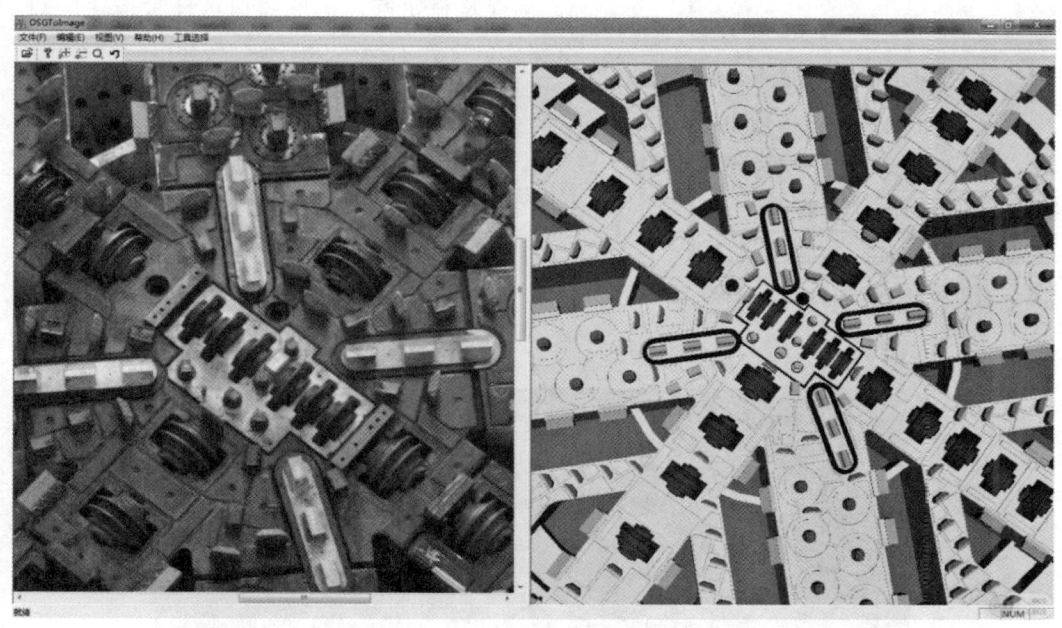

图 5-11 定向点采集界面

将图像打开如图 5-12a 所示。选择的图像上定向点,并标注点名。从第一个点开始,以数字依次增加命名。在如图 5-12b 中的三维模型界面,鼠标双击为选点操作,双击后,会在选择点处添加一个小球体,并在小球体上面标注点名,与左侧图像一致,以数字命名。

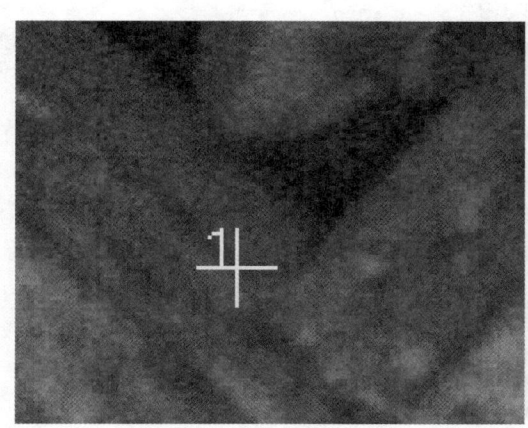
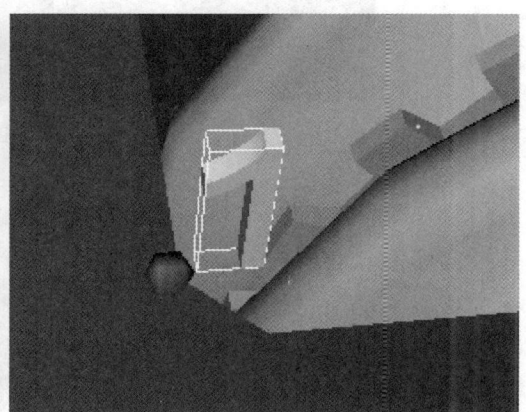

(a) 图像界面　　　　　　　　　　　　　(b) 模型界面

图 5-12 选取定向点

5.4.4　图像处理操作

定向解算：自动调取定向文件，完成定向操作，前提是在定向点选取窗口选择合适定向点。如果定向文件不存在，将不解算，并提醒选取定向点。解算完成，提示定向成功。

区域选取：移动鼠标选取欲选中的目标，对图像的处理和边缘的提取将仅针对该选取区域。

图像处理功能选择如图 5-13 所示。

区域选取后将进行上述选中的图像处理操作，如果没有选中则不进行图像处理。

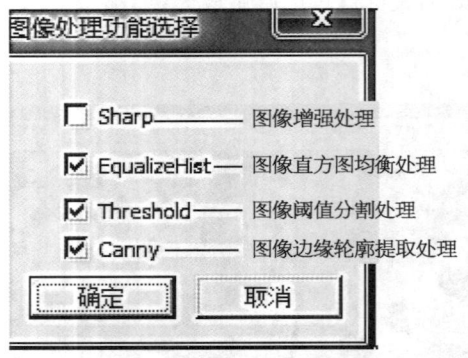

图 5-13　图像处理功能选择界面

图 5-14　直方图均衡界面

直方图均衡如图 5-14 所示。

阈值分割如图 5-15 所示。

边缘轮廓提取如图 5-16 所示。

人工绘制如图 5-17 所示。

自动提取的轮廓不能满足边缘提取的要求，将图像放大到适宜大小，选中此命令，人工绘制连续的刀盘边缘线。

存储目标：将人工提取的边缘线数字信息存储到内存之中，供后续调用。

图 5-15 阈值分割界面

图 5-16 边缘轮廓提取界面

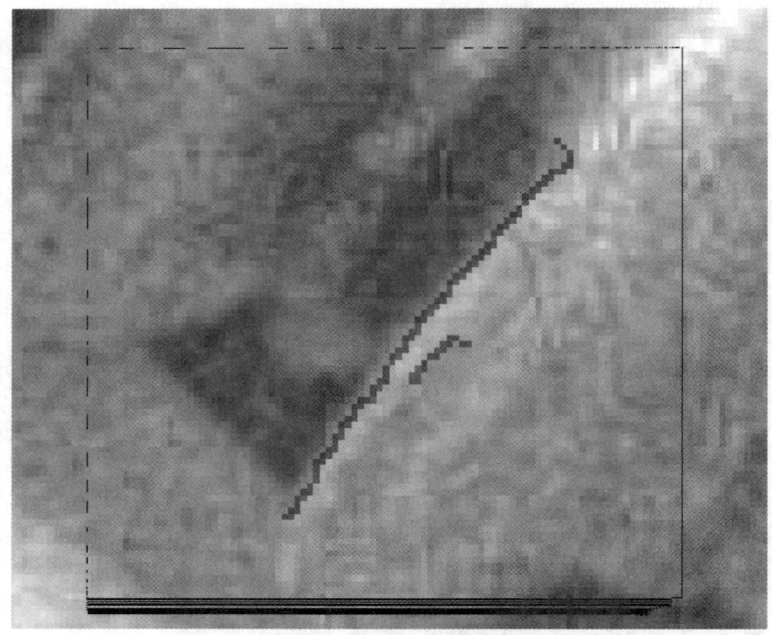

图 5-17 人工绘制连续的刀盘边缘线界面

以上介绍是针对单张图像的处理操作,以此可以完成所有影像的操作。影像间的切换可以通过在资源树上直接点击右键打开某幅图像,也可以在如图 5-18 所示的图像列表界中双击要单开的图像。

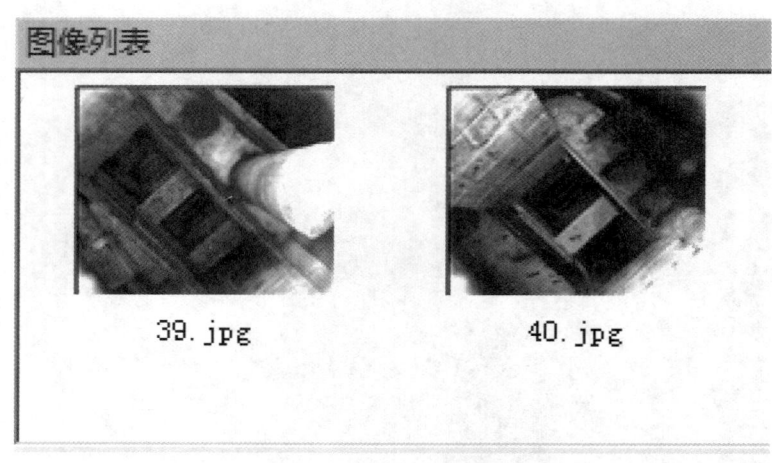

图 5-18 图像列表界面

5.4.5 三维视图操作

完成图像的定向和边缘采集操作后打开三维视图模式如图 5-19 所示,在资源树上选

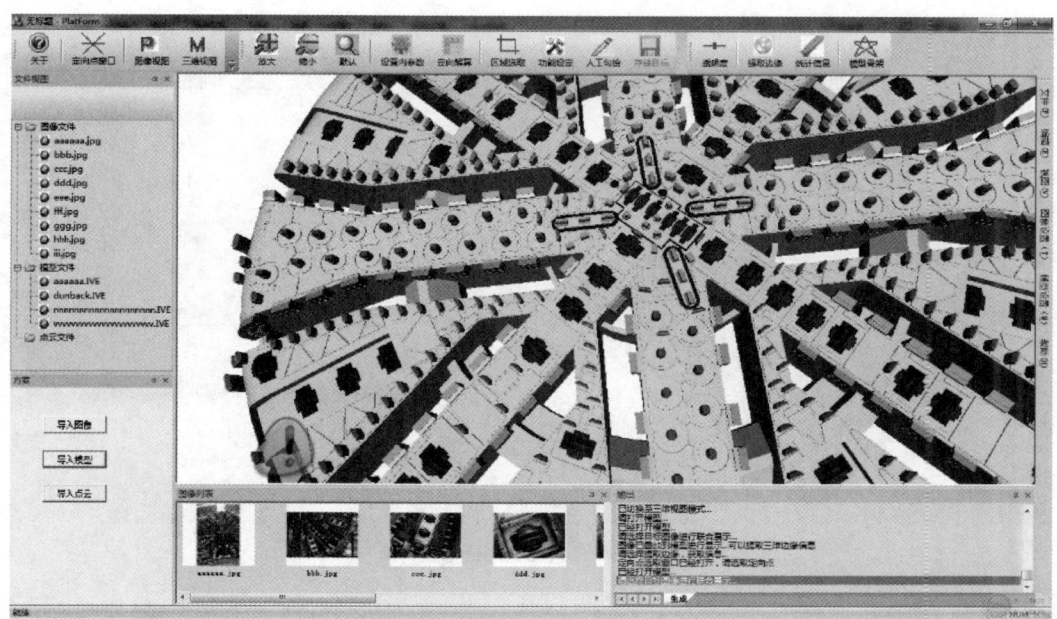

图 5-19 三维视图模式界面

择需要的模型并打开。

选取目标图像,并选择叠加到模型视图操作,图像模型联合展示如图 5-20 所示。

图 5-20 图像模型联合展示界面

透明度：修改图像的透明度，如图5-21所示。

图5-21　修改图像的透明度界面

提取边缘：如果图像处理操作时已经完成了定向和边缘提取，这步操作就生成磨损后的边缘信息。生成磨损后的边缘信息界面如图5-22所示。

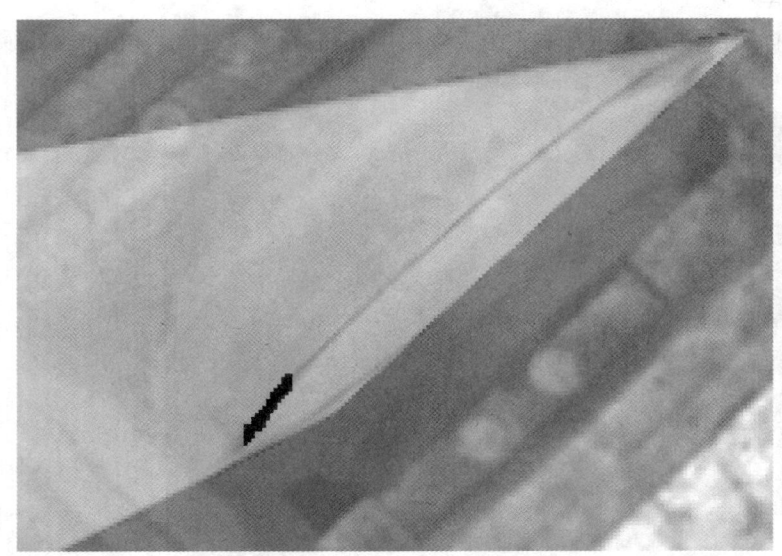

图5-22　生成磨损后的边缘信息界面

统计信息：输出统计信息包括示意图、磨损后平均半径数值，磨损中误差数值，磨损最大值数值。输出统计信息界面如图5-23所示。

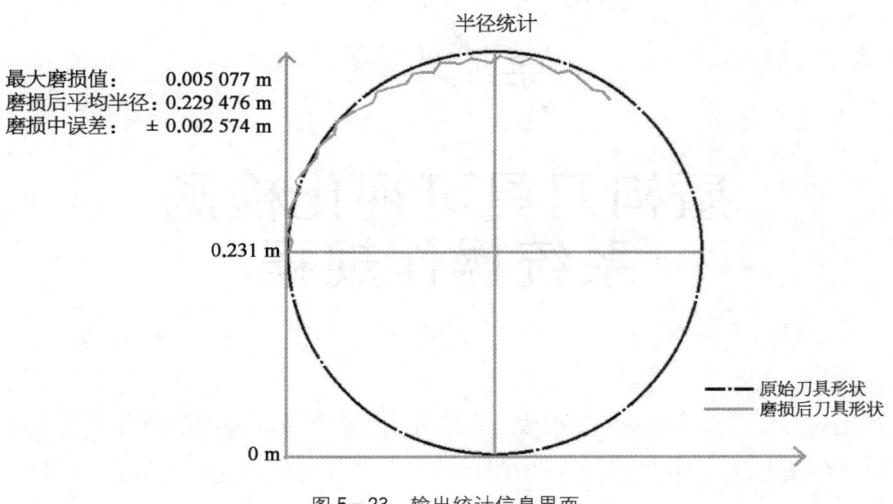

图 5-23　输出统计信息界面

模型骨架：将模型框架添加到三维视图，如图 5-24 所示。

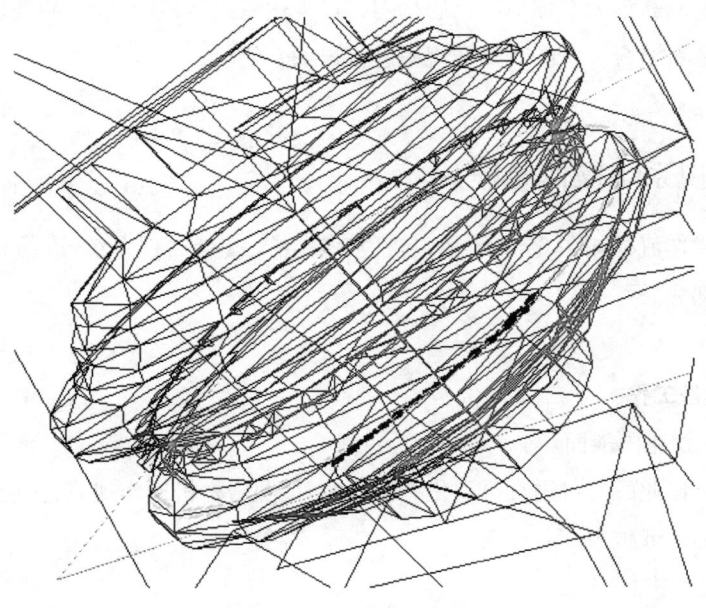

图 5-24　模型框架三维界面

第6章 盾构刀具可视化检测系统操作规程

可视化的刀具刀盘检测系统从组成上可以分为后部可视系统和前部可视系统两个功能区。前者具备从刀盘后面对滚刀进行拍照并进行图像分析处理的能力,通过采用专门编制的图像处理软件对所得图像进行分析处理,和刀具原始照片比较,可确定刀具磨损情况,以便对需要更换的刀具进行及时处理;后者具备从刀盘正面、侧面摄像拍照的能力,根据摄像拍照图片直观地判断滚刀磨损情况。盾构刀具可视化系统共包括照明、冲洗、前视和后视系统四部分。本章将结合示意图对操作规程进行详细介绍。

6.1 后视系统操作规程

后视系统操作流程如图6-1所示,包括准备工作、安装后视系统、成像采集数据、安全退回拆卸四个部分。

6.1.1 准备工作

(1) 降低开挖舱内液面。

盾构机停止作业后方可进行可视化系统成像,按照盾构机操作规范,先使开挖舱内液面降至距隧道顶约4 m位置。

(2) 安装摄像机。

先旋转手轮,把顶管旋出约10 cm,在摄像机和顶管之间加上密封圈,把摄像机的数据线和电源线依次从密封圈、顶管中心孔道穿出;再旋转摄像机使之与顶管通过螺纹连接,垫好密封圈以保证系统的密封性,最后旋转手轮把摄像机退回到套筒内。

(3) 检查整体密封性。

利用耐压密封试验装置检查设备的整体密封性(包括摄像装置、照明装置、冲洗装置),并检查后视设备的功能完备性。密封圈细节见图6-2。

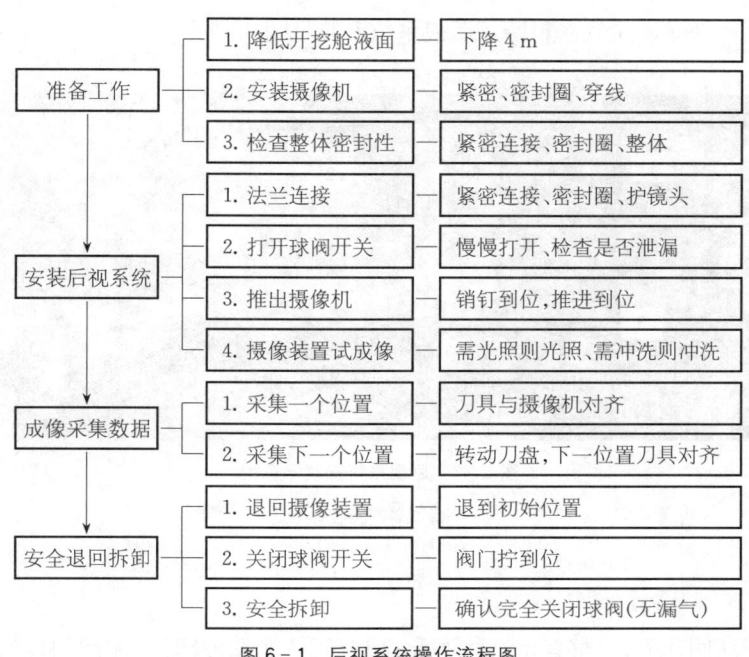

图 6-1　后视系统操作流程图

图 6-2　密封圈细节示意图

6.1.2　安装后视系统

（1）法兰连接。

将可视化系统法兰和球阀法兰盘用螺栓连接。连接时在球阀法兰盘和推进装置法兰盘之间垫密封垫片以保证系统密封性。后视系统安装见图 6-3。

图 6-3 后视系统安装示意图
1—球阀法兰;2—后视系统法兰;3—密封垫片

(2) 打开球阀开关。

慢慢打开球阀开关,观察有无气体泄漏;如有气体泄漏,及时关闭阀门检查泄漏原因并进行处理;处理完毕再打开球阀开关,确保无漏气现象。

(3) 推出摄像机。

在确保球阀开关已打开后,旋转手轮,把摄像机慢慢推出。推进丝杠定位销和卡槽接触时停止推进,此时摄像机已经推进到位。

(4) 摄像装置试成像。

数据线和电源线分别与电脑和电源插座连接。利用摄像装置自带光源进行观察并试验成像效果。如果光照不够导致成像不清晰,则使用照明装置;如果刀盘脏污导致刀具无法看清,则使用冲洗装置。

6.1.3 成像采集数据

(1) 转动刀盘,使需要检查的刀具和摄像装置正对,然后成像并采集数据。
(2) 转动刀盘,重复前一步骤,采集下一位置,直至全部采集完成。

6.1.4 安全退回并拆卸

数据采集结束后,将摄像装置(照明装置、冲洗装置)退回。关闭球阀开关,慢慢拧松螺栓,泄出筒内带压气体,并观察有无气体持续泄漏。如确认无气体持续泄漏,则依次拧松螺栓,小心拆卸;如发现有气体持续泄漏,则检查球阀开关是否关紧,直至确认无气体持续泄漏,依次拧松螺栓小心拆卸。

6.2 前视系统操作规程

前视系统操作流程操作流程如图 6-4 所示,包括准备工作、安装前视系统、成像采集数据、安全退回拆卸四个部分。

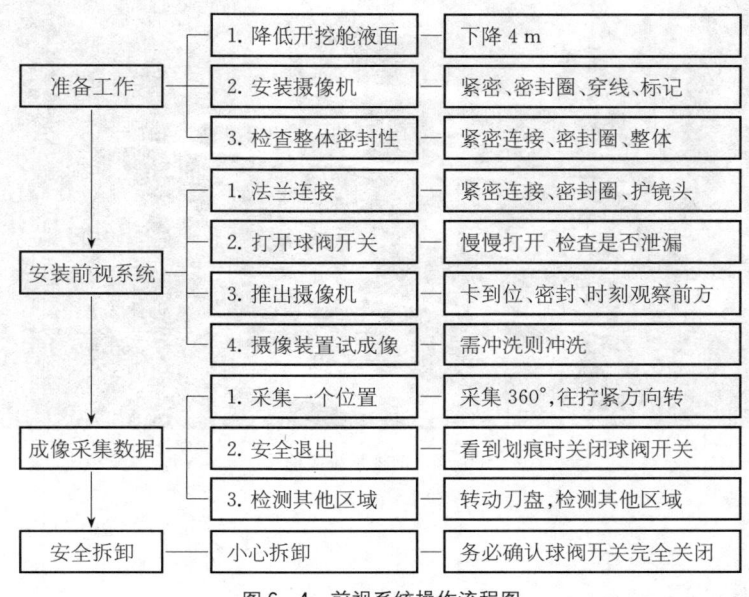

图 6-4 前视系统操作流程图

6.2.1 准备工作

(1) 降低开挖舱内液面。

盾构机停止作业方可进行可视化系统成像检查刀具作业,按照盾构机操作规范,使开挖舱内液面降至距隧道顶约 4 m 位置。

(2) 安装摄像机。

① 在摄像机和顶管之间加上密封圈,把摄像机的数据线和电源线从顶管中心孔道由前端穿入、后端穿出。

② 旋转摄像机使之与顶管通过螺纹连接(垫好密封圈),把摄像机和顶管连接紧密以保证系统的密封性。注意:摄像头与顶管间的密封垫必须垫上。

③ 启动电机控制开关把拖动板后退至丝杠最后端,把带有摄像头的顶管安装在推进通道,把卡具插入顶管后端移动卡槽,启动前进开关,拖动板推进顶管前进,使顶管最前端通过密封部件刚好到达和前部钢板平齐的位置。这时,在顶管上刻画一条标记。摄像机一定不能超出前部钢板,防止碰坏镜头。

(3) 检查整体密封性。

前视系统如图6-5所示,利用专用的耐压密封试验装置,检查设备的整体密封性(包括摄像装置、照明装置、冲洗装置),并检查后视设备的功能完备性。检查密封性时,摄像机、灯具等都必须按要求装好,然后再检查整体的密封性。

图6-5 前视系统实拍图
1—前视系统;2—球阀

6.2.2 安装前视系统

(1) 法兰连接。

移动推进装置支架,在推进装置法兰盘和球阀法兰盘之间垫上密封垫,并使推进装置螺栓孔和球阀法兰盘上的螺栓孔对齐,用螺栓连接并旋紧。

(2) 打开球阀开关。

慢慢打开球阀开关,观察有无气体泄漏;如有气体泄漏,及时关闭阀门检查泄漏原因并进行处理;处理完毕再打开球阀开关,确保无漏气现象。

(3) 打开球阀开关。

① 推进1号顶管。

启动前进开关,拖动板带动顶管前进,当顶管后端固定卡槽和固定板即将对齐时,点动开关,使顶管固定卡槽和固定板完全对正,然后插入卡具,如图6-6所示。然后操纵手柄,转动丝杠,拖动板带动第一节顶管前进。第一节顶管到位后,在固定板中插入卡具,将第一节顶管卡住,如图6-7所示。

② 线路连接。

把摄像机数据线及电源线依次从顶管中心孔道穿出,并把数据线与电脑连接、电源线和

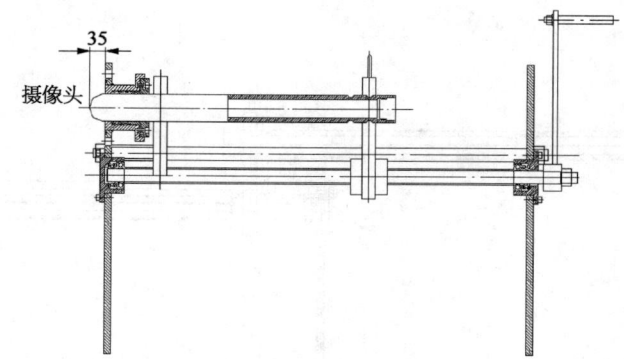

图 6-6　1号顶管推进示意图

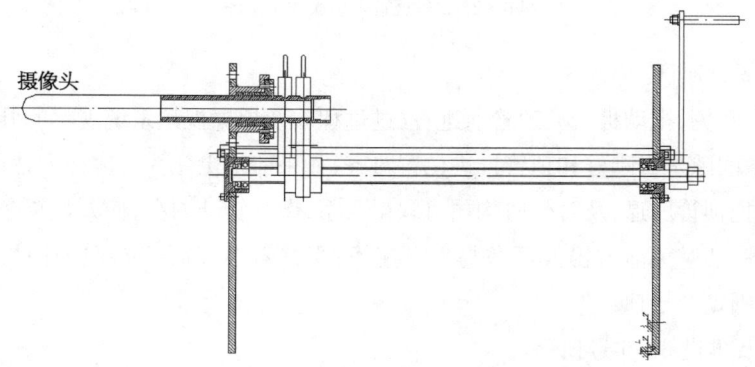

图 6-7　1号顶管安装操作示意图

电源相连。打开视频系统以便随时观察顶管推进过程中开挖舱内的情况。

③ 安装2号顶管。

在2号顶管和1号顶管之间垫上密封圈并将两者紧密连接,然后把拖动板后退至2号顶管后端移动卡槽,插入卡具固定如图6-8所示。操纵手柄,转动丝杠,拖动板带动第二节顶管前进,将第二节顶管到位后,在固定板中插入卡具,将第二节顶管卡住,如图6-9所示。

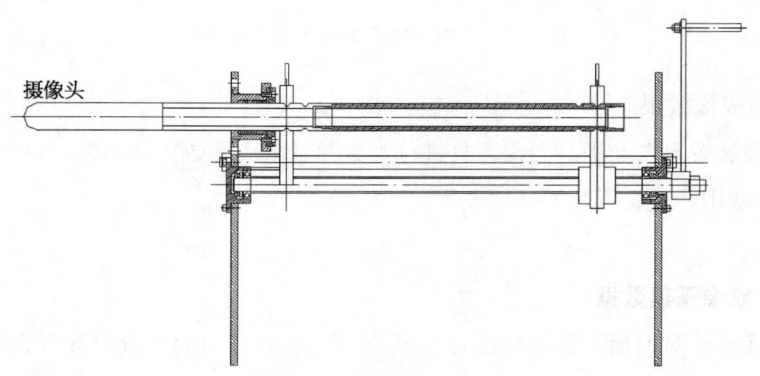

图 6-8　2号顶管推进示意图

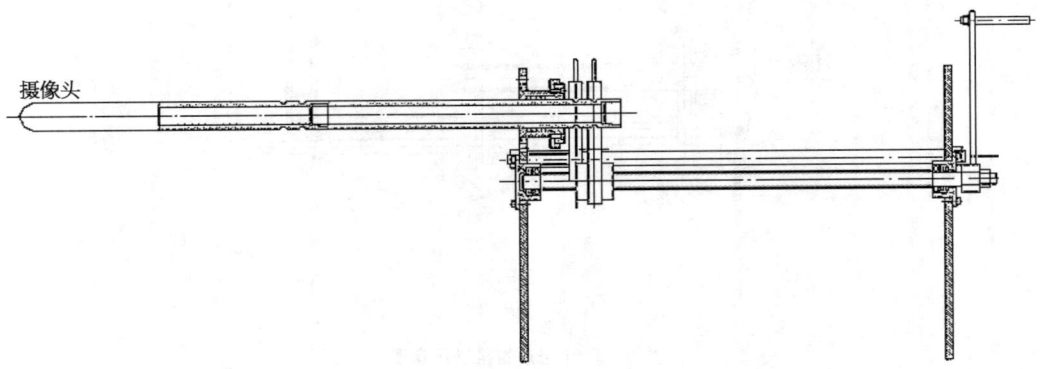

图 6-9　2 号顶管安装操作示意图

④ 推进 2 号顶管。

启动推进开关，拖动板带动顶管前进；推进过程中要根据视频系统观察的开挖舱情况及前方刀盘辐条间隙是否刚好和顶管推进位置对齐，如果前方摄像头有碰撞刀盘的趋势，马上停止推进，并把顶管后退，及时与盾构司机取得联系，微微转动刀盘，使刀盘辐条间隙和顶管前进方向对齐，要避免前方摄像系统与刀盘碰撞；当 2 号顶管后端固定卡槽与固定板对齐时，插入卡具固定 2 号顶管。

⑤ 安装及推进 3～6 号顶管。

重复③、④步操作，按顺序把 3、4、5、6 号顶管依次推进，在推进 6 号顶管时，根据视频系统观察情况，在可观察到刀盘正面刀具时停止推进，此时把顶管位置固定，如图 6-10 所示。

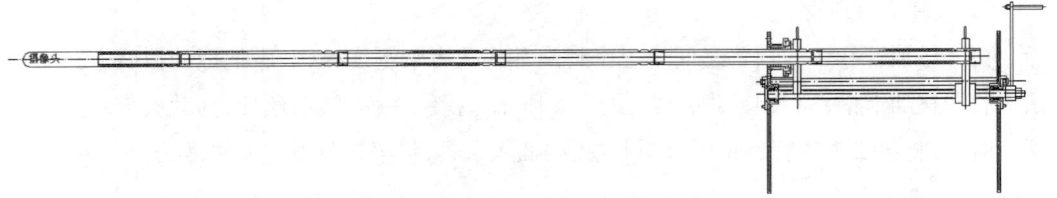

图 6-10　安装及推进 3—6 号顶管示意图

（4）试验成像效果。

利用摄像装置自带光源对刀盘刀具进行观察并试验成像效果。如果刀盘脏污导致道具无法看清，则使用冲洗装置。

6.2.3　成像采集数据

利用摄像系统对刀盘正面刀具进行拍照成像。一个方向的刀具检测并采集数据完毕，再用专用工具转动顶管，对下一个方向的刀具进行成像及数据采集，直至转动一周对各需要检测的方向均采集数据完毕。转动顶管时必须是往顶管拧紧的方向旋转。

6.2.4 安全退回拆卸

① 拆卸6号顶管。

拍照结束后,启动后退开关,把5号顶管固定卡槽与固定板对齐,插入卡具将其固定,取下6号顶管移动卡槽内的卡具,旋转6号顶管,使之与5号顶管分离。

② 拆卸5号顶管。

启动前进开关,把拖动板前进至5号顶管移动卡槽处,插入卡具将其固定,抽出5号顶管固定卡槽内的卡具,启动后退开关,使4号顶管固定卡槽与固定板对齐,把卡具插入4号顶管固定卡槽内,取下5号顶管移动卡槽内的卡具,旋转5号顶管与4号顶管分离。

③ 拆卸4、3、2号顶管。

重复②步操作,按顺序拆卸并取下4、3、2号顶管。注意保护摄像机的数据线及电源线等,如图6-11所示。

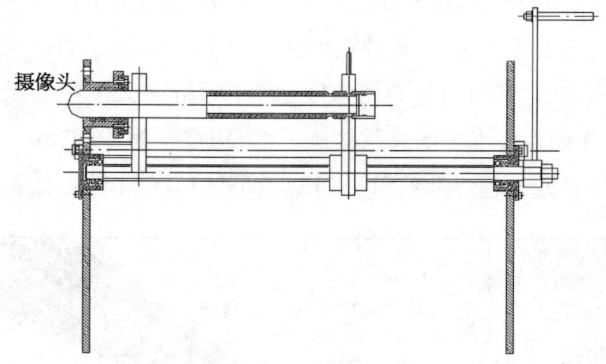

图6-11 拆卸顶管操作示意图

④ 关闭球阀开关。

后退1号顶管时,当1号顶管退至先前刻划的标记处时,立即停止后退,并关闭球阀开关。

第 7 章

工程应用案例

盾构检修新技术已在南京纬三路过江通道工程中得到了成功应用,为保障盾构正常运转、隧道顺利掘进、确保工期,提供了可靠保障。

7.1 南京纬三路过江通道概况

7.1.1 地理位置

南京纬三路过江通道位于南京长江大桥上游 4.5 km 处、南京长江隧道下游 5 km 处,连接南京主城区与浦口规划新市区中心,位置如图 7-1 所示。过江通道采用双线双层八车道隧道规划方案,从浦口到定淮门大街有两条隧道呈"X"形交叉下穿长江。隧道在江中段采用单管双层盾构,采用两台泥水平衡式盾构施工,盾构直径为 14.93 m。各条隧道分为上下双层预制结构双向共计四车道。北线(N 线)隧道下穿长江与南京市主城区扬子江大道相

图 7-1 纬三路隧道工程地理位置工程平面示意图

接,隧道全长 4 930 m,其中盾构段长度为 3 557.8 m,主要承担浦口区与扬子江大道的交通联系;南线(S线)隧道依次下穿潜洲中部及江心洲尾部,与南京市主城区定淮门大街、新模范马路、玄武湖隧道相连,隧道全长 5 530 m,其中盾构段长度为 4 134.8 m,主要承担南京市纬三路与浦口之间的交通联系。

7.1.2 施工地质和水文环境

隧道穿越地区主要为长江冲积平原区、长江水域及江心洲,穿越地区长江高水位多年平均值为 8.37 m。隧道穿越重点构筑物为南京长江大堤,堤防级别高,近水侧采用干砌块石护坡和浆砌块石护脚,岸坡及堤防稳定。该工程过江段地层分布情况见图 7-2、图 7-3。由地质勘察报告看出,过江隧道段的地层岩性主要有以下 4 种。

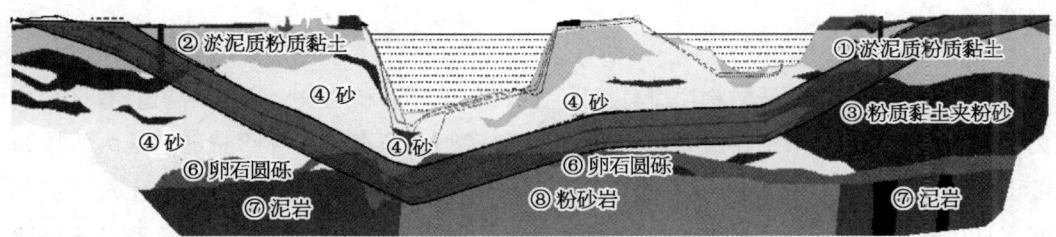

图 7-2 北线地质剖面图

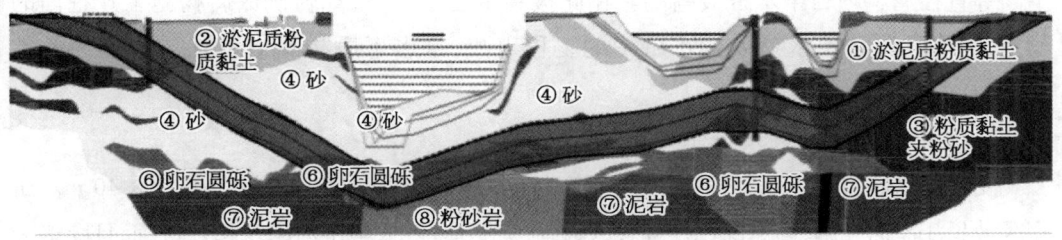

图 7-3 南线地质剖面图

(1) 粉砂、细砂地层。中密—密实,颗粒级配差,主要矿物成分为石英、长石等,渗透系数约 7×10^{-5} m/s。

(2) 泥岩地层。泥质结构,层状构造,以黏土矿物为主,裂隙不发育,浸水后易散,风干易开裂。局部为泥质粉砂岩,岩石 $RQD=70\%\sim90\%$(RQD 值越高,岩石越完整),地层自稳能力较好。

(3) 圆砾、卵石及粉细砂复合地层。圆砾、卵石层密实,颗粒级配好,母岩成分以石英砂岩、燧石及灰岩为主,粒径 2~100 mm,渗透系数为 1×10^{-4} m/s。

(4) 中等风化砂岩。粉粒结构,层状构造,由石英、长石等矿物组成,泥质钙质胶结。其中,⑧2 中等风化砂岩层裂隙较发育,岩体较完整,$RQD=50\%\sim80\%$;⑧2a 中等风化砂岩层岩体破碎，RQD＝10%～30%。

7.1.3 项目特点

1) 超大直径

国内外已建成的大直径水下盾构隧道有：上海崇明越江隧道，盾构直径15.44 m；荷兰"绿色心脏"隧道，盾构直径14.87 m；南京纬七路长江隧道，盾构直径14.93 m；上海上中路隧道，盾构直径14.87 m；德国汉堡易北河隧道，盾构直径14.2 m；日本东京湾隧道，盾构直径14.1 m；武汉长江隧道，盾构直径11.3 m。本项目工程为满足双向八车道净空断面的需要，盾构隧道内径为13.3 m，外径14.5 m，盾构机直径为14.93 m，采用泥水气压平衡复合式盾构机，是世界上直径最大的盾构机之一，其设备的设计、制造和使用是一个具有挑战性的世界级难题。

2) 超高水压

国外已实施的高水压盾构项目有：荷兰西细尔德隧道和瑞典哈兰德斯隧道，直径分别为11.34 m和10.53 m，工作压力达0.85 MPa和0.8 MPa；荷兰格林哈特隧道最大水压为0.55 MPa；工作压力0.6 MPa以上的实例极少。长江上的另外三条盾构隧道，上海崇明和武汉过江隧道水压均为0.6 MPa左右，南京纬七路隧道水压为0.65 MPa；而南京纬三路隧道盾构机最大洪水位工作压力高达0.72 MPa，在国内类似项目中是最大的，也是目前世界上同等直径盾构项目中水压最高的。在此极高水压条件下，如何确保盾构施工开挖面的稳定，防止坍塌和泥水喷发江水倒灌的工程事故，是水下盾构隧道设计与施工的关键技术。

3) 复杂地形、复合地质条件

受规划路线起终点限制，隧道线位所穿越区域的地形起伏较大，最大高差达40 m。所穿区域长江江面开阔，河床深泓摆幅较大，江中有两座沙洲，整个河床几起几伏，而且隧道受长江水位变化及潮汐影响，所承受的水土压力波幅很大，这给盾构隧道的结构计算和盾构推进过程中泥水压力管理带来了诸多困难。

根据地勘成果揭示隧址区土层和岩层的类型众多，沿线有杂填土、淤泥质粉质黏土、粉细砂、砾砂和卵石以及高强度砂岩、泥岩的混合地层，总体上呈现了从软土层到砂卵石层以及硬质砂岩地层的变化。隧道掌子面岩性差异明显，上下软硬不均。此外，由于临近长江，场地地下水与江水连通，地下水丰富且具有承压性，整体而言隧址区的地质条件非常复杂。

4) 复合地层条件下一次掘进距离超长

项目南北两线隧道江中段均有约700 m切入河床基岩，盾构上部为高石英含量的砂卵石层，下部为高强度砂岩。上部砂卵石层对刀盘刀具磨损和抗冲击能力要求高；下部基岩平均强度为 60~80 MPa,砂岩钻孔最大取芯强度值超过 128 MPa,属高强度硬岩,其对刀具磨损严重,需要换刀的频度高,同时由于其上部为高透水的砂卵石地层,也不同于其他某些隧道可以常压开舱更换刀具。此外,本项目的计划工期异常紧张,长距离盾构施工既要考虑盾构掘进的安全,又要提高开挖效率,需采用更加耐磨的刀盘和刀具,并采用风险更小、技术更可靠的换刀工艺,对项目的盾构机选型提出了更高的要求。

7.2 南京纬三路过江通道盾构选型与配置

根据本工程的地质特点,盾构刀盘结构采用辐条式+面板式,开挖直径为 15.02 m,刀盘开口率为 25.7%,刀盘由 4 根滚刀辐条、4 根切削刀辐条及 8 个面板组成,主要配置切削刀和滚刀两种类型刀具共 717 把。滚刀:45 把 19 in(约 48.26 cm)可更换双刃滚刀,33 把可推出式 19 in 双刃滚刀,6 把 17 in(约 43.18 cm)单刃中心滚刀。切削刀:常压可更换切削刀 80 把。在上软下硬地层施工中,滚刀和刮刀需要采用气压条件下饱和法开舱进行更换。刀具配置如图 7-4 所示。

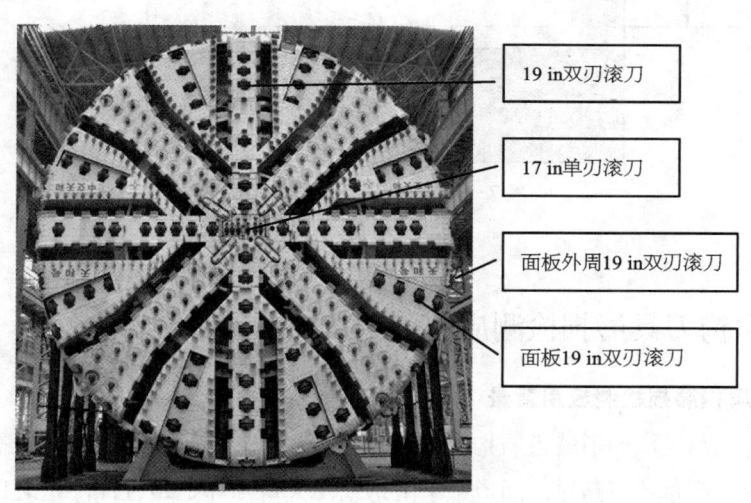

图 7-4 盾构刀盘配置

7.3 南京纬三路过江通道盾尾刷更换背景

南京纬三路过江通道 S 线盾构掘进至 K5+121.8,管片拼装完成 779 环,在掘进第 780 环时因盾尾刷长距离掘进磨损盾尾有渗漏。渗漏处最大水压约 0.6 MPa,因水压大渗漏严重,最后采用压注聚氨酯和压载方式堵漏。停机位置地层主要为粉质黏土、粉细砂、砾砂、圆砾及卵石,及强风化、中风化粉砂岩等复合地层,具体见图 7-5。

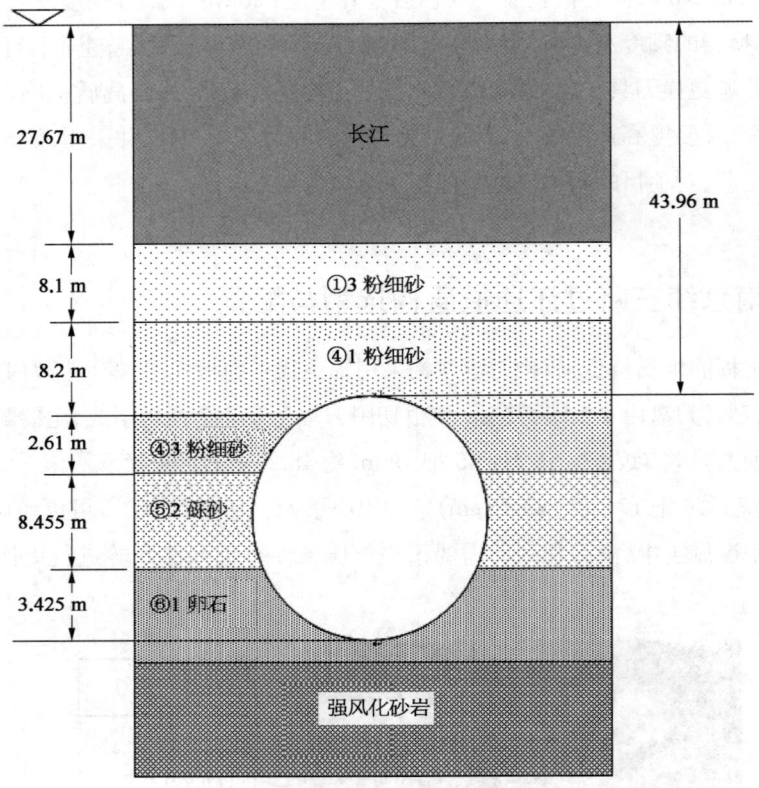

图 7-5　K5+121.8 地质断面图

7.4　盾构刀具磨损检测应用

7.4.1　盾构磨损检测应用背景

以南京纬三路过江通道隧道盾构施工为工程背景,对盾构机前舱设备可视化检测系统展开应用研究。南京纬三路过江通道位于南京长江大桥与纬七路过江隧道之间,如图 7-6 所示,线路西起长江北岸浦口新市区浦珠路,沿定向河向南分别引入南北分离布置的盾构隧道穿越长江。南线隧道与江南定淮门大街相接,长 5 530 m,其中盾构段 4 134.8 m,北线隧道与江南扬子江大道相接,长 4 930 m,其中盾构段 3 537.8 m。

该工程具有如下特点:① 盾构直径超大,直径达到 14.93 m,开挖直径 15.02 m,是目前世界上最大的泥水平衡盾构机之一;② 施工中承受的水土压力达到 0.72 MPa;③ 江底盾构覆土厚度浅,北线隧道上方覆土厚度不足 1 倍洞径;④ 盾构水下一次掘进距离长,盾构施工周期长;⑤ 地质条件复杂,如图 7-2、图 7-3 所示,隧道需穿越卵石层、泥岩层、砂岩层等,同时沿线需穿越桩群和风井,并可能存在孤石、漂木、铁锚、沉船等不明障碍物。

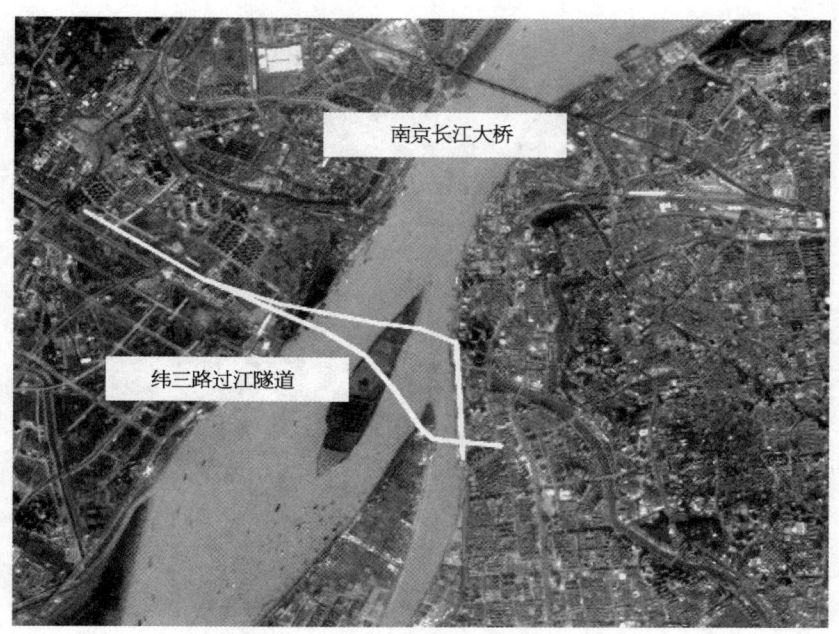

图 7-6　纬三路过江隧道位置示意图

根据地质资料显示,隧道穿越区域河势变化较大(预计河床的最大冲刷线位于现状河床以下约 10.0 m)。隧道穿越的地层较为复杂,主要分布有淤泥质粉质黏土层、粉细砂层、细砂层、砾砂层、圆砾层和砂岩、泥岩基岩地层。隧道穿越江中地段有长达 740 m 的卵石以及高强度砂岩混合地层,掘进断面岩性差异明显、上下软硬不均,上部砂卵石层石英含量高,下部基岩为砂岩、泥岩,平均抗压强度为 60~80 MPa,勘探取芯最高抗压强度可达 123 MPa,属高强度硬岩。隧道设计高水位按穿越江域百年一遇水位(吴淞高程 11.080 m)计算,按三百年一遇水位(吴淞高程 11.550 m)验算;设计低水位按历史最低水位(吴淞高程 1.54 m)计算。本隧道最大覆土厚度约 54 m,按最高水位计算最大静水压力约 0.77 MPa,江中段隧道穿越沟槽最小覆土厚度为 9.8 m,隧道穿越多种地层,结构受力不均衡。

盾构隧道长距离穿越软硬不均匀的复合地层,在砂卵石层和软硬不均的岩层中掘进,盾构刀具易磨损,磨损情况如发现不及时、更换不及时,则可能造成刀盘受损,严重影响隧道掘进施工;在水下隧道高水压、强渗透地层中进行刀具更换,其风险和难度极大。根据国内外的施工经验,必须采取气压状态下换刀,而该工程水压已超过国际允许的范围,因此需采用饱和带压换刀方式,这就迫切需要一种无须开舱的刀具磨损检测方法,为换刀时机提供科学指导。

该项目采用的是直径为 14.93 m 的"天和号"泥水气压平衡复合式隧道掘进机,是国内首创的最大的泥水气压平衡式盾构机,如图 7-7 所示。单套总重达到 4 758 t,整个刀盘配置刀具最多可达 717 个,如图 7-8 所示。

图 7-7 "天和号"盾构机

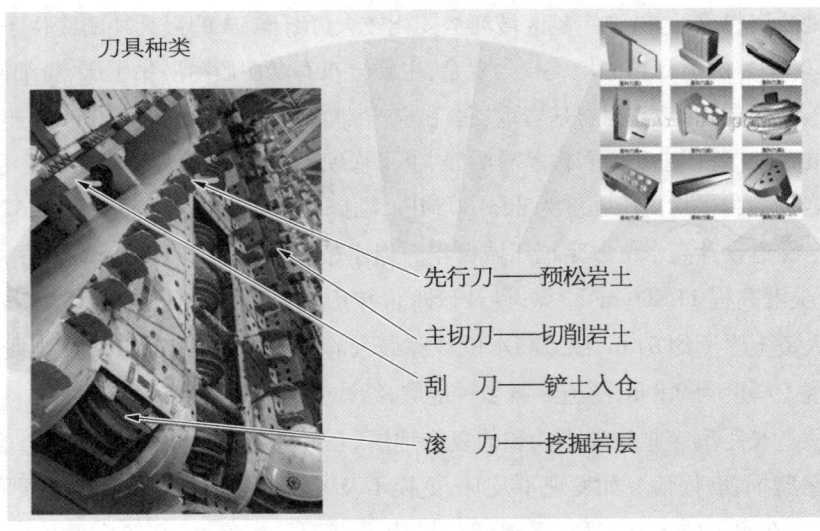

图 7-8 "天和号"盾构机的刀具组合

7.4.2 第一次测试

图 7-9 所示为南线第一次可视化拍摄时刀盘 3 号辐条的图像。从图中可知,单张图像一次可以看到 3 把滚刀。通过刀盘和球铰的转动,可视化系统可以看到正面和外圈的 80%

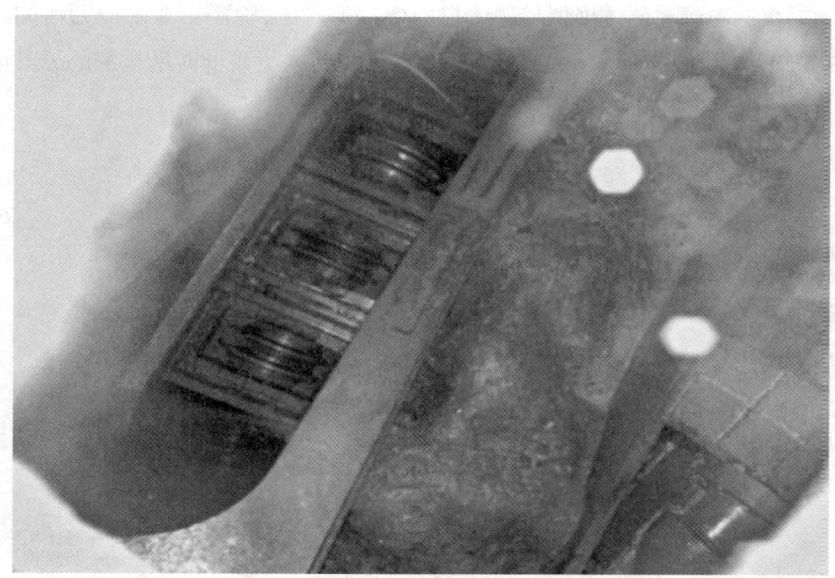

图 7-9 盾构刀盘 3 号辐条滚刀可视化图像

固定滚刀。通过图像可以直观地观察滚刀、刮刀等刀具的状况,同时透过辐条间隙观察可以掌子面的情况。

如图 7-10 所示,利用开发的图像处理软件对盾构刀盘 3 号辐条中的 3 把滚刀(编号为 58♯,64♯,70♯)进行磨损分析。通过读入待检测影像和基准模型,分别在影像视图和模型视图中进行图像处理功能设置:图像增强、直方图均衡和 canny 边缘检测等,从影像上自动

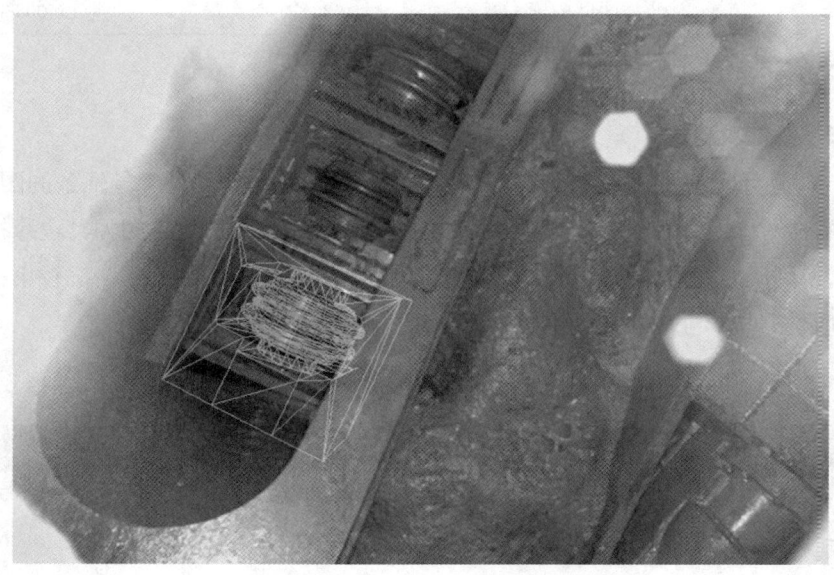

图 7-10 盾构刀盘 3 号辐条滚刀模型比对

提取待检测刀盘的轮廓。通过模型与边缘提取数据的对比,输出影像对应刀盘的磨损检测示意图(图7-11)。表7-1所示为3把滚刀的检测结果。发现此时所检测的刀具磨损程度较轻。

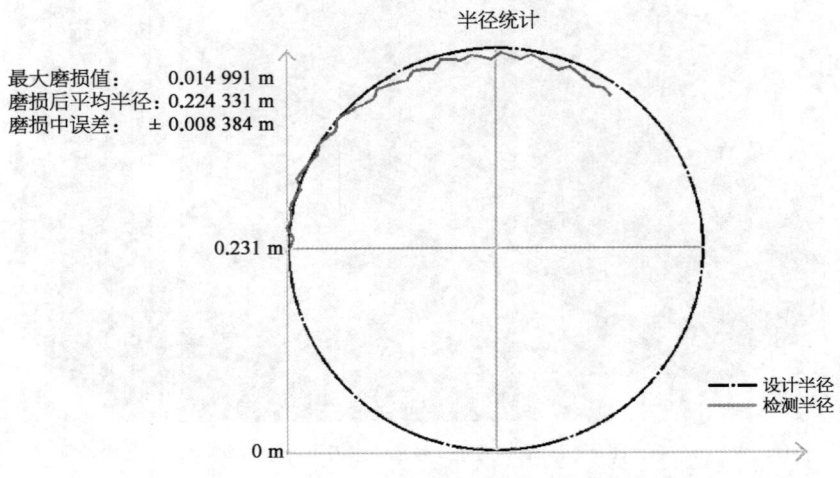

图7-11 盾构刀盘3号70#滚刀磨损情况比对

表7-1 3号辐条滚刀磨损检测结果

滚刀号	最大磨损值(m)	磨损后平均半径(m)	磨损中误差(m)
58#	0.014 7	0.224 0	±0.007 7
64#	0.011 1	0.226 7	±0.005 4
70#	0.014 9	0.224 3	±0.008 3

7.4.3 第二次测试

图7-12所示为可视化系统第二次检测时拍摄的南线盾构刀盘1号辐条的图像,并利用相同的软件对滚刀进行了定量磨损分析。如图7-13所示将影像中的刀具边缘投影至标准模型上,得到滚刀的检测结果如表7-2所示。发现此时盾构刀具磨损情况较第一次检测时严重。盾构刀盘1号61#滚刀磨损情况比对见图7-14。

表7-2 1号辐条滚刀磨损检测结果

滚刀号	最大磨损值(m)	磨损后平均半径(m)	磨损中误差(m)
55#	0.047 3	0.191 7	±0.038 9
61#	0.049 2	0.186 7	±0.044 0
67#	0.061 8	0.176 6	±0.053 6

图 7-12　盾构刀盘 1 号辐条滚刀可视化图像

 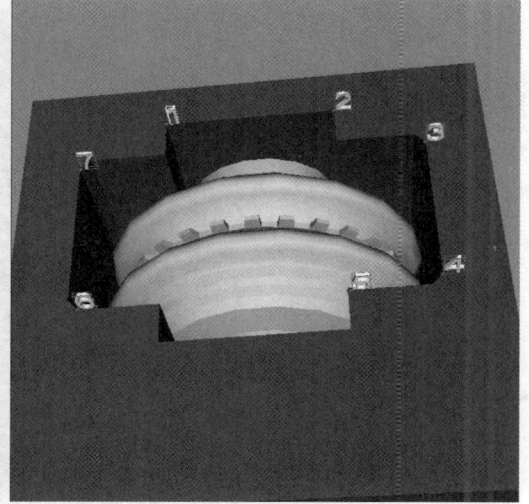

图 7-13　盾构刀盘 1 号辐条滚刀模型比对

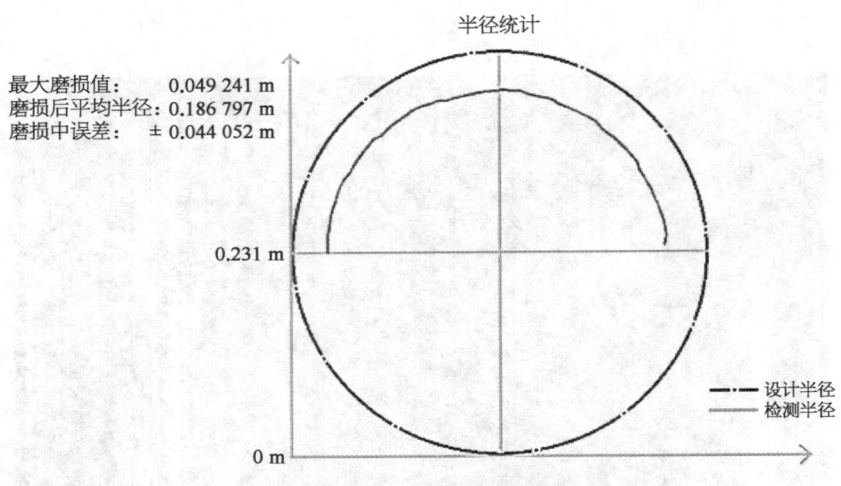

图 7-14 盾构刀盘 1 号 61#滚刀磨损情况比对

7.4.4 第三次测试

图 7-15、图 7-16 为可视化系统第三次检测时拍摄的刀盘转动过程中两帧画面,本次测试对该三把滚刀进行了定量的磨损分析。从图中可以看出,由于经过充分冲洗,刀盘及刀具基本没有泥浆附着,画面清晰度较高,对后面的磨损信息分析比较有利。图 7-17a～c 为磨损分析统计示意图。经分析计算,得到磨损信息如表 7-3 所示。

图 7-15 盾构刀盘 7 号辐条滚刀可视化图像

图 7-16 盾构刀盘 8 号辐条滚刀可视化图像

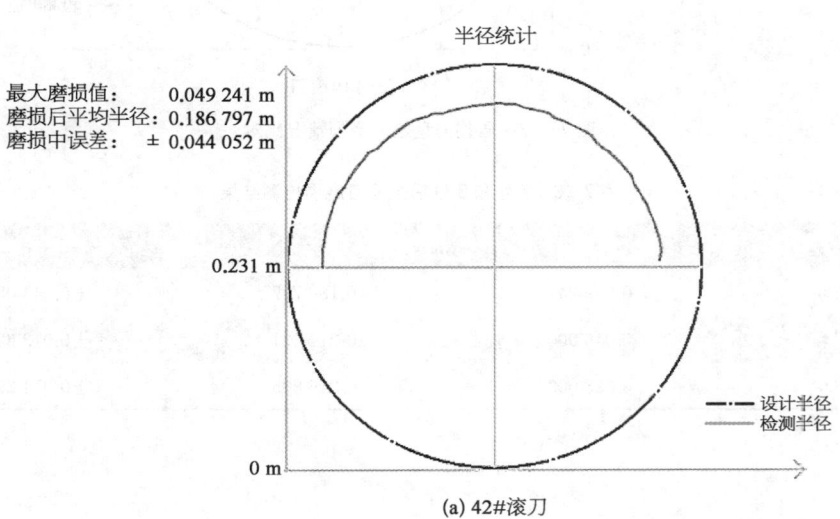

(a) 42#滚刀

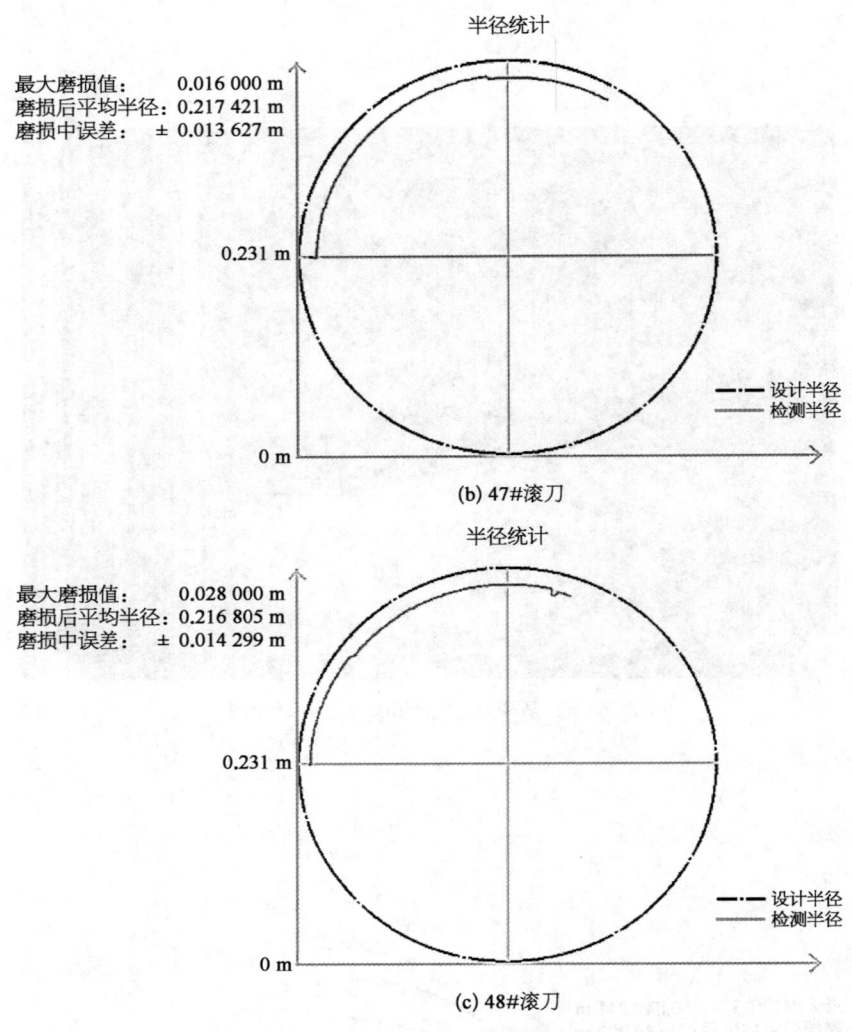

图7-17 盾构刀盘滚刀磨损情况比对

表7-3 7号和8号辐条滚刀磨损检测结果

滚刀号	最大磨损值(m)	磨损后平均半径(m)	磨损中误差(m)
42#	0.049 241	0.186 797	±0.044 052
47#	0.016 000	0.217 421	±0.013 627
48#	0.028 000	0.216 805	±0.014 299

参考文献

[1] 朱伟,陈仁俊.盾构隧道施工技术现状及展望(第1讲)——盾构隧道基本原理及在我国的使用情况[J].岩土工程界,2001,4(11):19-21.

[2] 陈馈.盾构法施工超高水压换刀技术研究[J].隧道建设,2013(8):626-632.

[3] 钱七虎.迎接我国城市地下空间开发高潮[J].岩土工程学报,1998,20(1):112-113.

[4] 钱七虎,李朝甫,傅德明.全断面掘进机在中国地下工程中的应用现状及前景展望[J].建筑机械,2002(5):28-35.

[5] 张凤祥,朱合华,傅德明.盾构隧道[M].北京:人民交通出版社,2004.

[6] 张士龙.南京纬三路过江通道工程技术难点分析[J].隧道建设,2013,32(2):147-150.

[7] 陈馈.盾构带压进仓安全系统的研制[J].铁道工程学报,2009(3):54-56.

[8] 黄昌富,全雪勇.大直径泥水平衡式盾构下穿超浅覆土河流掘进参数技术的应用[J].市政技术,2011(supp):153-155.

[9] 王洋,王文铮.泥水盾构穿越珠江水下浅覆土区域的施工难点与对策[J].广州建筑,2006(4):21-24.

[10] 周文波.盾构法隧道施工技术及应用[M].北京:中国建筑工业出版社,2004:1-22.

[11] Li Y, Emeriault F, Kastner R. Stability analysis of large slurry shield-driven tunnel in soft clay[J]. Tunnelling and Underground Space Technology, 2009(24):472-481.

[12] 郭家庆,陈馈.成都地铁砂卵石地层盾构带压进仓技术[J].建筑机械化,2008(10):49-51.

[13] 程明亮,何峰,吕传田.大埋深富水砂卵石地层泥水盾构带压换刀及动火焊接技术[J].铁道建筑,2010(12):46-50.

[14] 杜闯东,贾航,王坤.大直径泥水盾构复合地层进仓技术比较与应用[J].隧道建设,2009,29(4):435-440.

[15] 徐文平,钟志全.盾构施工带压进仓的安全措施[J].盾构工程,2009,4(29):435-440.

[16] 康洪信.广州地铁4号线盾构带压进仓换刀技术[J].建筑机械化,2011(6):67-69.

[17] 黄学军,孟海峰.泥水盾构带压进仓气密性分析[J].西部探矿工程,2011(7):202-

204.

[18] 鲁号,李伟,油新华.深圳地区软硬复合地层盾构带压换刀技术:中国盾构技术学术研讨会[C].北京,2011: 33-37.

[19] 章慧健,仇文革,胡辉,等.富水砂卵石地层土压平衡盾构带压换刀技术[J].施工技术,2010,39(1): 55-58.

[20] 缪忠尚,黄雷.NFM盾构机带压开仓换刀技术[J].现代隧道技术,2012,49(2): 99-103.

[21] 孟海峰,翟志国.大直径泥水盾构停机点地层加固措施及开挖仓密封技术探讨[J].隧道建设,2011,31(2): 26-34.

[22] Watanabe T, Yamazaki H. Giant size slurry shield is a success in Tokyo[J]. Tunnels & Tunnelling. 1981, 13(Jan-Feb): 13-17.

[23] Fritz P, Hermanns Stengele R, Heinz A. Modified Bentonite Slurries for Slurry Shields in Highly Permeable Soils: 4th International Symposium Geotechnical Aspects of Underground Construction in Soft Ground[C]. Toulouse, 2002.

[24] Heinz A. Modifizierte Bentonitsuspensionen für geotechnische Bauverfahren in Böden hoher Durchlässigkeit [D]. Swiss Federal Institute of Technology ETH, Zurich, Switzerland, 2006.

[25] 韦良文.泥水盾构隧道施工土体稳定性分析与实验研究[D].上海:同济大学,2007.

[26] Wei Daiwei, Zhu Wei, Min Fanlu. Experimental Study on the Balance Law Between Slurry Pressure and Effective Stress in Slurry Shield: International Symposium on Geotechnical Engineering for High-speed Transportation Infrastructure[C]. 2012: 210-219.

[27] Min Fanlu, Zhu Wei, Han Xiaorui. Filter cake formation for slurry shield tunneling in highly permeable sand[J]. Tunnelling and Underground Space Technology, 2013(38): 423-430.

[28] Min Fanlu, Zhu Wei, Lin Cheng, et al. Opening the Excavation Chamber of the Large-Diameter Size Slurry Shield: A Case Study in Nanjing Yangtze River Tunnel in China [J]. Tunnelling and Underground Space Technology, 2015, 46(2): 18-27.

[29] 韩晓瑞,朱伟,刘泉维,等.泥浆性质对泥水盾构开挖面泥膜形成质量影响[J].岩土力学,2008,29(supp): 288-292.

[30] 韩晓瑞.基于泥浆与地层匹配性的泥水盾构泥膜形成规律研究[D].南京:河海大学,2009.

[31] 闵凡路.泥浆在地层中的渗透规律及泥水加压盾构泥浆成膜研究[D].南京:河海大

学,2012.

[32] 朱伟,闵凡路,姚占虎,等.盾构隧道开仓技术现状及实例[J].现代隧道技术,2015,52(1):9-18.

[33] 朱伟,闵凡路,张亚洲,等.中国泥水盾构使用现状及主要问题:第八届中日盾构隧道技术交流会论文集(B)[C].南京:河海大学出版社,2015:21-28.

[34] 闵凡路,魏代伟,姜腾,等.泥浆在地层中的渗透特性研究[J].岩土力学,2014,35(10):2801-2806.

[35] Anagnostou G, Kovari K. The face stability of slurry-shield-driven tunnels [J]. Tunneling and Underground Space Technology, 1994, 9(2):165-174.

[36] 李昀,张子新.泥水平衡盾构开挖面稳定模型实验研究[J].岩土工程学报,2007,29(7):1074-1079.

[37] 胡欣雨,张子新.不同地层条件泥水盾构开挖面失稳状态颗粒流模拟方法研究[J].岩石力学与工程学报,2013(11):2258-2267.

[38] Russell L. A new concept for tunneling in soft soil[J]. Ports and Dredging, Building underground, 1996(146):15-17.

[39] 朱伟,陈仁俊.盾构隧道施工技术现状及展望(第2讲)——盾构隧道技术和施工管理[J].岩土工程界,2001,4(12):14-16,20.

[40] 朱伟,陈仁俊.盾构隧道施工技术现状及展望(第3讲)——盾构隧道应用前景及发展方向[J].岩土工程界,2002,5(1):18-20,52.

[41] 张凤祥,杨宏燕,顾德昆,等.对我国发展盾构技术的一点看法[J].岩石力学与工程学报,1999,18(5):611-614.

[42] 朱伟.盾构标准规范(盾构篇)及解说[M].北京:中国建筑工业出版社,2011.

[43] Wang S H, Huang G H, Zeng C. Research on Construction Technology for Yangtze-River Crossing Tunnel Project in Wuhan: Proceedings of the Pipelines 2007 International Conference[C]. ASCE, 2007:120.

[44] 王江涛,陈建军,吴庆红,等.南水北调中线穿黄工程泥水盾构施工技术[M].郑州:黄河水利出版社,2010.

[45] 黄正荣,朱伟.浅埋砂土中盾构法盾构开挖面极限支护压力及稳定研究[J].岩土工程学报,2006,28(11):2005-2009.

[46] 朱伟,秦建设,卢廷浩.砂土中盾构开挖面变形与破坏数值模拟研究[J].岩土工程学报,2005,27(8):897-902.

[47] 秦建设.盾构施工开挖面变形与破坏机理研究[D].南京:河海大学,2005.

[48] 刘建航,侯学渊.盾构法隧道[M].北京:科学出版社,1991.

[49] 施仲衡.地下铁道设计与施工[M].西安：陕西科学技术出版社,2002.

[50] 周文波.盾构法隧道施工技术及应用[M].北京：中国建筑工业出版社,2004.

[51] 蒋洪进.软土地层中泥水盾构开挖面形态与稳定的探讨[J].岩土工程界,2003(supp)：41-44.

[52] 姚占虎.泥水盾构开仓时开挖面气压支护压力研究与应用：中国交通建设股份有限公司现场技术交流会[C].2013.

[53] 姚占虎,陈郁.盾构压气条件下饱和法开仓作业技术研究与应用：中国交通建设股份有限公司现场技术交流会[C].2014.

[54] 姜腾,姚占虎,闵凡路.废弃黏土在泥水盾构泥浆配制中的再利用研究[J].隧道建设,2014(12)：1148-1152.

[55] 姚占虎,陈方伟,陈郁.压气条件下大直径泥水盾构饱和法开仓作业技术[J].隧道建设,2015(2)：185-190.

[56] 姚占虎,杨钊,田毅,等.南京纬三路过江通道工程关键施工技术[J].现代隧道技术,2015(4)：15-23.

[57] 姚占虎.南京纬三路过江通道工程盾构段施工风险评估[J].现代隧道技术,2015(4)：49-54.

[58] 姚占虎,闵凡路,张英明,等.泥水盾构饱和法开仓闭气泥膜技术研究与应用[J].现代隧道技术,2015(4)：74-79.

[59] 姚占虎,张伯阳,陈郁,等.超大直径过江盾构始发段同步注浆研究与应用[J].现代隧道技术,2015(4)：101-104.

[60] 张宁,姚占虎,朱伟,等.泥水盾构带压开仓时泥膜性质对其闭气性的影响研究[J].现代隧道技术,2015(4)：62-67.

[61] 朱伟,闵凡路,姚占虎,等.摄影测量在盾构机刀具磨损检测中的应用[J].现代隧道技术,2015,52(1)：9-18.

[62] Fukuchi G. The present and future of mechanized tunnel works in soft ground[J]. Tunnelling and Underground Space Technology,1991,6(2)：175-183.

[63] Piers G Harding. High density slurry shield extends Japanese technology[J]. Tunnels & Tunnelling, 1982(14)：55-56.

[64] 张伯阳,赵小鹏,张亚果,等.泥水盾构饱和法带压开舱风险控制技术[J].现代隧道技术,2015,52(4)：55-61.

[65] 姚占虎,闵凡路,张英明,等.泥水盾构饱和法开舱闭气泥膜技术研究与应用[J].现代隧道技术,2015,52(4)：74-79.

[66] 史兴全.西气东输管道工程大型穿越遇到的技术难题及其对策[J].石油工程建设,

2005,31(1): 43-47.

[67] 刘玮,马升雁.泥水平衡盾构机盾尾渗漏原因分析及预防措施[J].广东土木与筑,2006(4): 61-62.

[68] 张福民.盾尾密封在防止漏浆中的作用[J].隧道建设,2006,26(2): 52-55.

[69] 李文广.泥水盾构隧道渗漏机理及施工控制措施研究[J].铁道标准设计,2007(5): 70-73.

[70] 潘国庆.隧道施工中盾构盾尾密封渗漏风险源分析[J].中国市政工程,2008(5): 59-60.

[71] 张海亮.海瑞克盾构机盾尾密封漏浆的原因分析及对策[J].铁道标准设计,2009(8): 76-78.

[72] 李东升.关于泥水平衡盾构机盾尾保护的控制技术[J].铁道建筑技术,2009(4): 53-56.

[73] 秦素娟.高水压地层下盾尾密封的破坏及保护分析[J].铁道建筑技术,2014(z1): 164-166.

[74] 李陶朦.土压盾构盾尾渗漏原因及处理措施[J].建筑机械化,2014(4): 75-76.

[75] 顾解桢.承压含水层中盾尾防渗漏技术研究[J].建筑施工,2014(11): 1290-1292.

[76] 刘二召.盾尾密封油脂注入系统浅析[J].隧道建设,2003(1): 16-18.

[77] 白传航.盾尾密封脂的泵送性和抗水密封性[J].合成润滑材料,2007,34(2): 23-24.

[78] 朱祖熹.盾构法隧道的盾尾防水密封与盾尾密封油脂[J].中国建筑防水,2009(7): 2-6.

[79] 严振林,郭京波.盾尾密封油脂性能评价方法研究[J].石家庄铁道大学学报,2010,23(4): 91-94.

[80] 王德乾.关于盾尾密封油脂抗水压密封性和泵送性测试的探讨[J].隧道建设,2014,34(2): 107-110.

[81] 王晖,李大勇,夏广红.盾构机盾尾注浆施工中存在的问题及其对策分析[J].苏州科技学院学报(工程技术版),2004,17(1): 40-45.

[82] 宋天田,周顺华,徐润泽.盾构隧道盾尾同步注浆机理与注浆参数的确定[J].地下空间与工程学报,2008,4(1): 130-133.

[83] 叶飞,朱合华,何川,等.盾构隧道壁后注浆扩散模式及对管片的压力分析[J].岩土力学,2009,30(5): 1307-1312.

[84] 杨春山,吴增伟,张雅宁,等.盾构施工盾尾注浆硬化过程数值分析研究[J].广东工业大学学报,2011,28(4): 90-94.

[85] 袁小会,韩月旺,钟小春,等.盾尾注浆硬性浆液固结变形数值计算模型构建[J].岩土

力学,2012,33(3):925-932.

[86] 林辉,颜波,杨国龙,等.富水软弱地层盾尾单双液多序注浆及效果研究[J].现代隧道技术,2012,49(1):156-159,165.

[87] 刘阳升.富水地层三菱盾构机尾刷更换技术[J].隧道建设,2006,26(z2):88-90.

[88] 吴秀国.长距离隧道施工过程洞内修复盾构尾刷技术[J].广州建筑,2006,34(4):25-27.

[89] 杜建华,彭彦彬,杜立峰,等.盾构掘进施工中盾构机盾尾密封更换关键技术研究[J].铁道建筑,2007(3):47-48.

[90] 张冠军,杨方勤,巴雅吉呼.盾尾钢丝刷检修环境设计与施工研究:地下工程施工与风险防范技术——2007 第三届上海国际隧道工程研讨会文集[C].上海:同济大学出版社,2007:633-640.

[91] 李勇成,张志鹏.强透水地层下更换盾尾密封刷技术[J].探矿工程(岩土钻掘程),2008(4):80-81.

[92] 陈志宁.土压平衡盾构盾尾密封刷检修技术[J].隧道建设,2008,28(6):740-745.

[93] 王磊.浅谈盾尾密封更换技术[J].石家庄铁路职业技术学院学报,2011,10(4):57-59.

[94] 陈成,杨平,张婷,等.高承压含水层中更换盾尾刷长距离液氮冻结技术[J].施工技术,2011,40(7):74-77.

[95] 陈成,杨平,张婷,等.长距离液氮冻结加固高承压富含水层温度实测研究[J].岩土工程学报,2012,34(1):145-150.

[96] 何天铭.液氮冻结技术在承压水地层盾尾密封刷检修中的应用[J].隧道建设,2010,30(5):591-595.

[97] 周王宝.含承压水地层盾尾刷修复液氮冻结技术[J].建井技术,2012(1):4-6.

[98] 赵新合,陈馈.钱塘江底承压水层盾尾刷改造及更换技术[J].建筑机械化,2010,31(8):66-68,77.

[99] 张迪.水底大型泥水盾构盾尾密封失效的应对技术[J].铁道建筑技术,2011(5):1-6.

[100] Lin Cungang, Wu Shiming, Zhang Zhongmiao. One Technique for Shield Tail Brushes' repair Using Liquid Nitrogen Freezing Method in the Artesian Aquifer[J]. ASCE, 2011:858-867.

[101] 李发勇,杨琼鹏.小松盾构机盾尾刷更换施工技术:2012 年中铁隧道集团低碳环保优质工程修建技术专题交流会论文集[C].2012:141-144.

[102] 李有兵.泥水盾构高水压条件下盾尾刷的更换技术[J].建筑机械化,2012,33(8):70-72.

[103] 周兆勇,龚学栋.富水砂层盾尾密封修复技术[J].隧道建设,2013,33(11):960-963.

[104] 程烨尔.特长隧道盾尾钢丝刷更换冻结法施工方案与技术研究[D].上海:同济大学,2009.

[105] 张稳军,金明明,苏忍,等.盾构隧道钢混复合管片的力学性能试验(英文)[J].中国公路学报,2016,29(5):84-94.

[106] 裴瑞英.盾构机刀具磨损与布局问题分析研究[D].天津:天津大学,2009.

[107] 赵维刚,刘明月,杜彦良,等.全断面隧道掘进机刀具异常磨损的识别分析[J].中国机械工程,2007,18(2):150-153.

[108] DELISIO A, ZHAO J. A new model for TBM performance prediction in blocky rock conditions[J]. Tunnelling & Underground Space Technology, 2014, 43(7):440-452.

[109] 刘高峰,宋天田.成都地铁盾构刀具磨损分析研究[J].隧道建设,2008,27(6):89-93.

[110] 彭钧.复杂地层盾构刀具磨损控制技术研究[D].北京:北京交通大学,2013.

[111] ZHANG Q, KANG Y, ZHENG Z, et al. Inverse Analysis and Modeling for Tunneling Thrust on Shield Machine[J]. Mathematical Problems in Engineering, 2013(a02):701-710.

[112] 朱伟,闵凡路,姚占虎,等.盾构隧道开舱技术现状及实例[J].现代隧道技术,2015,52(1):9-18.

[113] Frenzel C. Modeling Uncertainty in Cutter Wear Prediction for Tunnel Boring Machines[C]. Geocongress. 2012:3239-3247.

[114] 马广州.盾构掘进中刀具磨损的跟踪检测[J].隧道建设,2006,26(Z2):65-68.

[115] Wang L, Kang Y, Zhao X, et al. Disc cutter wear prediction for a hard rock TBM cutterhead based on energy analysis[J]. Tunnelling & Underground Space Technology, 2015(50):324-333.

[116] 张厚美,区希,易觉.用盾构掘进参数跟踪判断滚刀损坏的研究[J].现代隧道技术,2014,51(4):121-126.

[117] Plinninger R, Käsling H, Thuro K, et al. Testing conditions and geomechanical properties influencing the CERCHAR abrasiveness index (CAI) value[J]. International Journal of Rock Mechanics & Mining Sciences, 2003, 40(2):259-263.

[118] Yagiz S, Karahan H. Prediction of hard rock TBM penetration rate using particle swarm optimization[J]. International Journal of Rock Mechanics & Mining Sciences, 2011, 48(3):427-433.

[119] 王宁.全数字摄影测量系统在生产中的实践[J].测绘与空间地理信息,2010,33(2):223-224.

[120] Canny J F. A computational approach to edge detection[J]. IEEE Trans on PAMI, 1985, 8(6): 679-698

[121] Abdel-Aziz Y I, Karara H M. Direct linear transformation into Object-Space coordinates in Close-Range Photogrammetry[J]. American Society of Photogrammetry, USA, 1971, 648.

[122] Adam Baumberg. Blending images for texturing 3D models: Proceedings of the British Machine Vision Conference[C]. 2002: 404-413.

[123] Barequet Gill, Sharir Micha. Filling gaps in the boundary of a polyhedron[J]. Computer Aided Geometric Design, 1995, 12(2): 207-229.

[124] 汪华安, 左保成, 戴旭明, 等. 数字光学成像技术在岭澳核电厂的应用[J]. 地下空间与工程学报, 2009, 5(S2): 1757-1762.

[125] 王宁. 全数字摄影测量系统在生产中的实践[J]. 测绘与空间地理信息, 2010, 33(2): 223-224.

[126] 史永跃, 尚彦军, 孙元春, 等. 超声波成像钻孔电视在工程勘察中的应用[J]. 工程勘察, 2010(8): 82-87.